Richard von Weizsäcker

Der Weg zur Einheit

Richard von
Weizsäcker

Der Weg zur Einheit

Verlag C. H. Beck

Mit 10 Abbildungen

© Verlag C. H. Beck oHG, München 2009
Satz: Fotosatz Amann, Aichstetten
Druck und Bindung: CPI – Ebner & Spiegel, Ulm
Gedruckt auf säurefreiem, alterungsbeständigem Papier
(hergestellt aus chlorfrei gebleichtem Zellstoff)
Printed in Germany
ISBN 978 3 406 59287 4

www.beck.de

Inhalt

Vorwort

Wir erleben eine Zeit voller historischer Jubiläen. Sie verbinden uns mit epochalen Ereignissen, die uns mit Staunen, mit Freude und Dankbarkeit erfüllen.

Jubiläen schärfen unser Bewusstsein dafür, dass wir stets inmitten einer geschichtlichen Entwicklung leben. Dies gilt in besonderem Maß für uns Deutsche inmitten eines Kontinents, auf unseren langen und schweren Wegen zur nationalen Einheit. Von zahlreichen Ländern umgeben, wurden wir eine «verspätete» Nation, mit ihren Erfolgen und Niederlagen, ihren großen Leistungen, schweren Verfehlungen und Verbrechen, bis hin schließlich zum neuerlichen Verlust ihrer Einheit am Ende des Zweiten Weltkriegs.

Mehr als sechzig Jahre sind inzwischen vergangen. Dank einer Entwicklung von globaler Bedeutung ist die Spaltung Europas überwunden. Deutschland ist wieder vereint. Für uns alle sind damit große Herausforderungen verbunden, für Jung und Alt, in Ost und West, in Nord und Süd. Das wird helfen, uns der Lehren der Geschichte bewusst zu werden und zu bleiben.

Dieses Buch ist kein Geschichtsbuch. Aber es ist ein mit persönlichen Erlebnissen und Erfahrungen angereichertes Buch, in dem die Geschichte die zentrale Rolle spielt. Denn es ist die grundlegende Erfahrung meiner Generation, dass die Macht der Geschichte unser Denken und Handeln prägt. Nachwachsende Generationen werden das vielleicht nicht mehr so spüren können, wie es für uns Ältere noch selbstverständlich ist. Jedoch wer wissen will, wer wir Deutschen heute sind, der muss in unsere Vergangenheit schauen.

Es fehlt uns gegenwärtig gewiss nicht an zahlreichen Erinnerungsschriften. Was werden wir aus ihnen noch neues lernen? Einst dichtete der bedeutende Soziologe Helmut Schelsky unter der Überschrift «Ratschläge an mich selbst» den folgenden Vers:

> Schreibe nur noch, was Du musst!
> Rede mit Deinem Hund!
> Alles wird schon gewusst.
> Halt den Mund!

In Wahrheit tun uns die vielerlei Stimmen gut. Keiner leugnet zum Beispiel die fundamentale Bedeutung der Ereignisse in den Jahren 1949 und 1989. Wir Deutschen haben sie aber ganz unterschiedlich erlebt. Es hilft uns allen, sich über Generationen und Grenzen hinweg ganz offen auszutauschen.

Ich gehöre zur alten Generation. Zeitzeugen werden wir genannt. Unser politisches Bewusstsein beginnt schon während der Weimarer Republik.

Während der Teilung Europas und Deutschlands haben wir miterlebt, dass die tiefe Empfindung der Zusammengehörigkeit von uns Deutschen in Ost und West bestehen blieb, gerade auch in weltpolitisch aussichtslos erscheinenden Phasen. Gegen diese Gewissheit gab es keine wirksamen Zwangsmaßnahmen. Jeder weiß es, der in der geteilten Hauptstadt Berlin gelebt hat. Der Bau der Mauer war voller Grausamkeiten und Schmerzen für die Bürger. Am Ende aber war gerade er selbst Ausdruck von Hilflosigkeit beim Versuch einer Diktatur, die menschliche Zusammengehörigkeit mit Gewalt zu unterdrücken.

Keiner von uns wusste, auf welchem Weg das grausame Bauwerk der Mauer dereinst machtpolitisch überwunden werden könnte. Und dennoch bedurfte es keiner besonderen Phantasie, sondern nur der nüchternen Einsicht in unsere Berliner Erfahrung, Jahr um Jahr auszusprechen: Die Berliner Mauer kann und wird keine Zukunft haben, auch wenn ich selbst es vielleicht nicht mehr erleben werde. Je länger die Mauer stand, desto spürbarer wurde sie für ihre Erbauer zur Last, desto zwingender widerlegte sie ihr eigenes Ziel. Entscheidend für ihr Ende wurden zuletzt der Mut und die Kraft der Bürger im Osten.

Die prägenden Aufgaben für meine Generation wurden der politische und moralische, der praktische und materielle Wiederaufbau. An ihm war ich in Berlin und Westdeutschland beteiligt. Nach außen ging es um Annäherung und, Schritt für Schritt, um Aussöhnung mit unseren ehemaligen Kriegsgegnern, zunächst im Westen und später im Osten, also um einen historischen Neuanfang in Europa.

Während des Kalten Krieges sahen die großen Mächte die deutsche Teilung als ein Faktum, nicht als eine Zukunftsaufgabe. Zugleich blieb aber für uns Deutsche das Bewusstsein der Zusammengehörigkeit unverrückbar. Es zur Geltung zu bringen, ohne die notwendige Sicherheit in Europa zu gefährden, das war schwer genug. Doch es blieb unser Ziel. Deshalb habe ich den Fall der Berliner Mauer als ein unvergleichbares Ereignis meines Lebens mit tiefer innerer Bewegung verspürt. Das ist der Grund für meinen Bericht.

I

Die Antwort gibt die Geschichte

Im Sommer 1987 reiste ich zusammen mit dem damaligen Bundesaußenminister Hans-Dietrich Genscher nach Moskau. Es war der erste Besuch eines westdeutschen Staatsoberhauptes in der Sowjetunion, und er fand mitten im Kalten Krieg statt. Die Aufgabe dieser Reise wurde in westdeutschen Medien als «Eisbrecherarbeit» charakterisiert.

Wir hatten lange offene Gespräche mit Michail Gorbatschow und dem sowjetischen Außenminister Eduard Schewardnadse. Es war harte Arbeit. Gegen Ende fragte ich Gorbatschow, wie lange denn die deutsche Frage noch offen bleibe. Seine Antwort lautete, er kenne eine solche Frage nicht. Beim zweiten Anlauf sagte ich: «Solange das Brandenburger Tor zu ist, bleibt die deutsche Frage offen.»

Gorbatschow erwiderte, wir sollten uns nicht überschätzen, sondern die Antworten der Geschichte überlassen. Niemand von uns wisse, was in hundert Jahren sein werde.

Am 7. Oktober 1989 kam Gorbatschow zum 40jährigen Jubiläum der DDR nach Ost-Berlin. Dort hatten sich inzwischen die Ereignisse überstürzt. Von Woche zu Woche war mehr Macht in die Hände des Volkes gelangt. Mit Nachdruck propagierte der sowjetische Parteiführer sein Reformkonzept von

«Glasnost» und «Perestroika». Durch Schritte der Öffnung nach innen und außen sollte das Sowjetsystem weltweit wettbewerbsfähig werden. Der Gast aus Moskau beendete seinen Berlinbesuch mit den Worten, die alsbald zum globalen Zitat wurden: «Wer zu spät kommt, den bestraft das Leben.» Später erklärte Gorbatschow mir zweimal, er habe mit diesen Worten nicht Honecker zu aktiveren Reformen ermahnen wollen, sondern zu sich selbst gesprochen. Dahinter stehe seine tiefe Einsicht, dass nicht wir Staatenlenker den Verlauf der Geschichte bestimmten, sondern dass es die Geschichte selbst sei, die alles entscheide. Wir dürften ihr nicht vorgreifen, sie aber auch nicht verpassen. Verantwortliche Politik verlange, die Richtung der Geschichte rechtzeitig zu erkennen und ihr dann den humanen Weg zu ebnen.

Waren wir Deutschen auf den 9. November 1989 vorbereitet? Worauf vorbereitet? Uns alsbald staatlich wieder zu vereinen? Wie sollte dies erreichbar sein inmitten der internationalen Politik? Es gab ja nicht nur die Entschlossenheit des SED-Regimes, die DDR aufrechtzuerhalten. Bei allen unseren Nachbarstaaten richteten sich besorgte Blicke auf unabsehbare politische Folgen, auf neue Gefahren bei einer erneuten deutschen Einheit.

Es gab auch bürgerschaftliche Stimmen im Osten wie im Westen, die zunächst andere Aufgaben für vorrangiger hielten als eine Vereinigung. Im Osten waren es gerade führende mutige Stimmen des Bürgeraufstandes, denen es vor allem um Freiheit und Rechtsstaatlichkeit auf eigenem Boden ging, um eine grundlegende Reform der DDR. Einige westliche Stimmen von Gewicht meldeten die vorrangige Forderung an, den Bonner Weg zur Verfassung, zum europäischen Bündnis und zur atlantischen Partnerschaft, kurz den endlich

Mit Michail Gorbatschow im Katharinensaal in Moskau, 1987.

vollzogenen langen deutschen Weg nach Westen nicht zu gefährden.

Es gab auch gemeinsame Stimmen in Ost und West, denen es vor allem anderen darum ging, den Frieden in Europa durch innerdeutsche Übereinstimmung zu sichern und die DDR zu humanisieren; das sei wichtiger, als dieses Deutschland wieder zu vereinen. Solche Strömungen werden uns heute vor allem dann verständlich, wenn wir die geschichtliche Entwicklung vor Augen haben, die zur Teilung Europas und Deutschlands geführt hatte. Geschichtlich zu denken bleibt unsere zentrale Aufgabe. Sie gilt im Rückblick auf die entscheidenden Wege zur Einheit ebenso wie im Ausblick auf unsere Aufgaben in der kommenden Zeit.

II

1945 – Niederlage und Neuanfang

Im Januar 1943 verkündeten Roosevelt und Churchill auf der
Konferenz von Casablanca, mitten im Zweiten Weltkrieg, ihre
Forderung nach einer bedingungslosen Kapitulation Hitlerdeutschlands. Auch wenn die Alliierten je länger desto klarer
auf einen Sieg zusteuerten, wollten sie am Ende doch keine
Friedensgespräche mit den Verlierern. Sie wollten über die
Folgen und Strafen des Krieges allein bestimmen. Kein vorzei-
tiger Waffenstillstand sollte den Deutschen die Chance zu
einem auszuhandelnden Vertrag geben, mit welcher deutschen Regierung auch immer.

Bei den Alliierten fürchtete man sich geradezu vor einem
möglichen innerdeutschen Machtwechsel. Die Reaktion der
Briten auf das missglückte Attentat vom 20. Juli 1944 zeigte,
dass sie selbst damals noch mit der Möglichkeit eines innerdeutschen Aufstandes gegen Hitler rechneten; dann hätten sie
mit einer neuen, auf Frieden bedachten deutschen Führung
verhandeln müssen. Ein maßgebliches Mitglied des britischen
Außenministeriums machte für seinen Minister damals eine
Aufzeichnung, in der es heißt, Gestapo und SS hätten den
Briten einen begrüßenswerten Dienst erwiesen, indem sie
diejenigen Kräfte in Deutschland beseitigten, die sich nach

dem Krieg zweifellos als die «guten» Deutschen gemeldet hätten. Die Hinrichtung der Widerstandsverschwörer in Deutschland galt als ein willkommenes Signal für das alliierte Ziel des «unconditional surrender».

1944 legten die Briten den ersten Entwurf einer Aufteilung Deutschlands in Besatzungszonen vor. Als dann der alliierte Sieg unmittelbar bevorstand, kam es zur Konferenz von Jalta im Februar 1945. Hier gab es unter den künftigen Siegern Spannungen. Das Kriegsziel der Sowjetunion bezog sich auf das ganze Europa, nicht auf Deutschland allein. Roosevelt kam Stalin dabei weit entgegen. Auf der Potsdamer Konferenz im Juli 1945 wurde die Teilung nicht nur des besiegten Deutschland, sondern des gesamten Kontinents von Norden nach Süden bestätigt. Europa war im Begriff, eine bloße Pufferzone zwischen den beiden globalen Mächten zu werden.

Und Churchill? Noch vor Beginn der Potsdamer Konferenz war er im Juli 1945 zu Hause demokratisch abgewählt worden. Aber er blieb aktiv. Er war in den Jahren 1940 und 1941 der zentrale Mann des damaligen Weltschicksals geworden. Unter seiner Führung musste sich Großbritannien nach den deutschen Feldzügen gegen Polen und Frankreich einsam gegen Deutschland wehren, bis der amerikanische Präsident Roosevelt endlich sein Volk zum Kriegseintritt bewegen konnte. Nachgeholfen hatten Japans Überfall auf Pearl Harbor und Hitlers Kriegserklärung an die USA. Daraufhin rief Churchill aus: «Jetzt haben wir es geschafft!» Mit den USA in der Kriegsallianz wurde Hitler unterworfen. Eine nationalsozialistische Herrschaft über Europa war verhindert.

Churchill aber war auch nach 1945 wichtig für Europas Zukunft. Ihn trieben das Chaos und die Tragödie auf unserem Kontinent um. Er hatte schlechte Erinnerungen an die fatalen europäischen Folgen des Versailler Vertrages am Ende des Ersten Weltkrieges. Er hatte in seinem Gedächtnis noch die scharfe Kritik des berühmten, an den damaligen Friedensverhandlungen beratend beteiligten Ökonomen John Maynard Keynes, der gesagt hatte: Clemenceau sei so nobel, Woodrow Wilson so moralisch vorbildlich, Lloyd George so intelligent gewesen; das Ergebnis von Versailles aber habe weder Würde noch Moral noch Verstand bezeugt. Nun ging es Churchill darum, den Tumult unter den Siegern und eine hoffnungslose Lage bei den Verlierern zu überwinden. Und so kam er 1946 als «elder statesman» nach Zürich. Dort appellierte er an uns, die Vereinigten Staaten von Europa zu schaffen. Mit dem Mut und der Weitsicht seiner kurzen klaren Rede elektrisierte er die erschöpfte Welt. «Lasst uns wieder eine europäische Familie schaffen», so rief er aus. Eine historische Großherzigkeit und ein «blessed act of oblivion» (ein Wort des einstigen britischen Premierministers William Gladstone) würden uns helfen. Die beiden großen Nationen Frankreich und Deutschland sollten als Partner die Sache anführen. Das Vereinigte Königreich, das Commonwealth of Nations, die USA und auch die Sowjetunion sollten als Freunde das neue Europa fördern. Churchills visionärer Appell war von singulärer historischer Kraft. Mit ihm legte er den Grundstein für die kommende Zeit bei uns.

III

Der ostdeutsche Weg

Der Staat der Deutschen war am 8. Mai 1945 untergegangen. Die Macht lag in der Hand der vier Siegermächte. Es gab nun den alliierten Kontrollrat. Aber nicht nur Deutschland und Berlin waren gespalten. Bald waren es auch die Absichten der beiden Supermächte. Ihre je eigenen, einander rasch widersprechenden Ziele wirkten sich bestimmend auf die nächste politische Zukunft der Deutschen aus.

Die Gründung der beiden deutschen Teilstaaten in Ost und West erfolgte nicht aus freien Stücken. Sie geschah vielmehr in der Abhängigkeit von der jeweiligen Siegermacht, den USA mit Großbritannien und Frankreich im Westen, der Sowjetunion im Osten. Wir Deutschen hatten einen Angriffskrieg in weiten Teilen Europas geführt und schweres Unrecht auf uns geladen. Am Ende blieb nur die bedingungslose Kapitulation. Für ungezählte Menschen folgte danach unsägliches Leid, zumal Vertreibung und Verlust der alten angestammten Heimat. Und dennoch war der 8. Mai 1945 ein Tag der Befreiung vom zerstörerischen Ungeist und Unrecht der Nazizeit.

Beide nun entstehenden Teilstaaten standen vor der Notwendigkeit, eine Antwort auf den Holocaust, auf Völkermord und Angriffskrieg zu finden. Sie wurde in Ost und West auf völlig gegensätzliche Weise gesucht.

Für die werdende Deutsche Demokratische Republik lautete die von Moskau verordnete Antwort vom ersten Tage an: Antifaschismus. Er wurde ideologisch begründet und machtpolitisch staatlich installiert. Über das Bündnis von Hitler und Stalin aus dem Jahr 1939 zum Beispiel wurde ein Mantel des Schweigens gebreitet. Die von der Siegermacht eingesetzte kommunistische Führung fühlte sich zu einem großen Teil durch ihr persönliches Schicksal während der Nazizeit dazu legitimiert. Ihr Weg hatte sie zur erzwungenen Emigration oder durch grausame deutsche Zuchthäuser und Konzentrationslager geführt.

Zugleich aber hatte der Versuch einer tieferen politischen, moralischen und geistigen Erneuerung in der Bevölkerung selbst keine reelle Chance. Zwar gab es solche starken spürbaren persönlichen Anstrengungen im Bereich der Wissenschaften, der Kultur und besonders auch in christlichen Gemeinden und Kirchenleitungen. Die politische Führung der DDR ertrug jedoch keinen freien Antifaschismus von unten. Die Aufgabe der Erneuerung wurde dem Einzelnen abgenommen und dem Kollektiv übertragen.

An einer eigenständigen Auseinandersetzung der Bürger mit der Vergangenheit war das System nicht interessiert. Umso mehr verlangte es Einordnung und Disziplin gegenüber dem neuen Staat. Der Antifaschismus degenerierte zur Staatsraison, zur Grundorientierung gegenüber dem westlichen Teilstaat, dem die alleinige Trägerschaft und das ganze Erbe der Schuld für die Vergangenheit zugesprochen wurden. «Wofür die Antifaschisten kämpften, ist in der DDR Wirklichkeit», so hieß es auf Plakaten der nationalen Front. Die Ostdeutschen wurden in das System der kommunistischen Bruderstaaten integriert, nur dass sie eben in diesem System niemals heimisch werden konnten. «Worin besteht der Unterschied zwischen Freunden und Brüdern?», fragte eine der ältesten Glossen in der DDR. Die Antwort: «Freunde kann man sich selbst aussuchen.»

An der Gründung der DDR waren die Länder mit gewählten Landtagen nicht beteiligt. Stattdessen handelte eine eigens ins Leben gerufene «Volkskongressbewegung». Der Verfassungsentwurf, den der vom «Volksrat» beauftragte Ausschuss 1948 vorlegte, basierte auf einem SED-Entwurf aus dem Jahr 1946. Bestimmend war von Anfang an die Einheitspartei, die 1946 durch die Zwangsvereinigung von KPD und SPD auf Druck von außen zustande gekommen war.

Aus dem Stichwort «Antifaschismus» wurde ein Mythos. Je länger, desto eindeutiger befolgten die Machthaber der DDR als Musterschüler Moskaus den Weg, den der Marxismus-Leninismus ideologisch vorgab. Nach dieser Lesart bekämpfte der Marxismus den Faschismus als die aggressivste Form des Monopolkapitalismus. Die Faschisten hatten demgemäß die Kommunisten verfolgt und die Sowjetunion überfallen. Im Großen Vaterländischen Krieg hatten die Völker der Sowjetunion unter schweren Verlusten am Ende den Sieg errungen. Damit war der Faschismus widerlegt. Die Frage der Geschichte war beantwortet.

Viele, die während der Nazidiktatur ausgewandert oder ins Exil gezwungen worden waren, zumal Intellektuelle, kehrten auf deutschen Boden zurück, um sich beim Aufbau eines sozialistischen Staates zu beteiligen. Doch bald verbreitete sich bei den meisten eine bittere Enttäuschung, und sie verließen die DDR wieder; der Philosoph Ernst Bloch und der

Literaturwissenschaftler Hans Mayer zählten zu ihnen. Der Antifaschismus war zu einer Art Ersatzreligion geworden. Später hat Richard Schröder diese Entwicklung treffend beschrieben: «In Wahrheit war der Antifaschismusmythos der SED eine Verdrehung historischer Tatsachen, eine billige Vergangenheitsentsorgung, ein elastisches Instrument zur Denunziation beliebiger Gegner und die Legitimation für eine weitere Diktatur auf deutschem Boden.»

Die Gründung des ersten Arbeiter- und Bauernstaates auf deutschem Boden zielte auf einen radikalen Bruch mit der Vergangenheit. Die Bevölkerung war quasi kollektiv entschuldet. Fragen nach dem Gang der Geschichte wurden nicht vertieft. Einordnung in die Moskauer Linie stand im Vordergrund, nicht die eigene Erinnerung. Die Schuld an der Katastrophe von 1933 lag demnach eindeutig beim Klassenfeind. Die führenden Genossen der SED konnten sich darauf berufen, als Antifaschisten keinen Krieg begonnen zu haben und keinen Holocaust zu verantworten. So fiel es der DDR-Führung leicht, jede Verantwortung für den Nationalsozialismus abzulehnen. Was geht uns die historische Schuld des Klassenfeindes an? Der saß jetzt im Westen. Mit ihm sich kämpferisch auseinanderzusetzen, darum ging es.

Dazu wollte Ost-Berlin die «friedliebenden Völker der Welt» aufrufen, mit der Begründung, dass die imperialistischen Mächte ja längst schon für den Dritten Weltkrieg rüsteten. Die eigene Bevölkerung blieb von einer Beteiligung an der Bewältigungsaufgabe der Vergangenheit ausgeschlossen. Aber das war alles andere als eine Befreiung. Denn die Ostdeutschen genossen keine Freiheit, sondern hatten eine von außen implantierte Diktatur zu tragen. Damit lag auf ihren Schultern die Hauptlast nach der Nazizeit.

IV

Der westdeutsche Weg

Auch in den drei westlichen Besatzungszonen standen für die Bürger zunächst elementare Fragen des täglichen Lebens im Vordergrund. Es galt, Angehörige und Freunde wiederzufinden, einen Stein auf den anderen zu setzen. Es fehlte an Nahrungsmitteln und Heizungsmaterial, an den Grundbedingungen für einen neuen Anfang. Wie sollten da Einsicht und Auseinandersetzung mit der Vergangenheit im Vordergrund stehen? Zuerst ging es um den Wiederaufbau einer Existenz. Erst danach kam die Konfrontation mit der Frage, wie es zu alledem hatte kommen können.

Die Amerikaner legten von Anfang an großen Wert auf eine harte, konsequente Beschäftigung mit der Vergangenheit. Sie waren die treibende Kraft hinter den Nürnberger Prozessen. Sie betrieben eine umfassende Entnazifizierungspolitik in der ganzen Gesellschaft. Re-education, Umerziehung: so lautete das Ziel.

Nun wurden Spruchkammern eingerichtet, endlose Fragebogen mussten ausgefüllt werden. Daraus wurde eine in ihren Motiven verständliche und dennoch seltsame Mischung von Rechtsverfahren und Gesinnungsprüfung. Der begreifliche Versuch zu einer Arbeitsteilung zwischen Siegern und Besiegten, zwischen der Besatzungsmacht und dem notwendigen, verantwortlichen Umgang der Deutschen selbst mit der Nazizeit war wenig überzeugend. Erst allmählich kam es zu den dringend erforderlichen eigenständigen rechtsstaatlichen deutschen Verfahren.

Zugleich gab es aber auch bald bedeutende positive amerikanische Anstöße im Bereich von Bildung und Kultur. Ein bleibendes, bis in die Gegenwart fortwirkendes Beispiel dafür wurde die von den USA gegründete Freie Universität im Berliner Westen. Sie entstand 1948, als Studenten eine zunehmende Gängelung an der Friedrich-Wilhelms-Universität, die ein Jahr später in Humboldt-Universität umbenannt wurde, nicht länger hinnehmen wollten.

Das Wichtigste aber wurde ein wirtschaftliches Wiederaufbauprogramm, um dem zerstörten Westeuropa und damit auch den besiegten Deutschen wieder voranzuhelfen. Der amerikanische Außenminister James F. Byrnes hielt schon im September 1946 in Stuttgart eine ermutigende Rede – neben Churchills die zweite große Rede dieses Jahres –, die auf eine neue tatkräftige Europa- und Deutschlandpolitik hindeutete. Man war sich in Washington darüber einig, dass sich die schweren Krisen nach dem Ersten Weltkrieg nicht wiederholen dürften.

Die wichtigste Konsequenz wurde der Marshallplan. Er ist und bleibt ein beispielloses Symbol kluger Großzügigkeit von Siegern. Er wurde zum Grundstein für einen politischen, menschlichen und materiellen Wiederaufbau im Westen des Kontinents. In unvorhersehbar großem Umfang kamen dem zerstörten Westeuropa Finanzmittel, Rohstoffe, Waren und vor allem auch Lebensmittelzufuhren zugute. Eine Organisation für wirtschaftliche Zusammenarbeit in Europa wurde einberufen. Auch die Sowjetunion war zusammen mit den osteuropäischen Staaten eingeladen. Stalin aber verbot den Ländern des Ostblocks die Mitwirkung.

Vor allem Westdeutschland konnte damals eine durch Hunger und kalte Winter besonders gefährliche Zeit überwinden. Der Marshallplan trug zum nachfolgenden Wirtschaftswachstum und beginnenden Wohlstand maßgeblich bei. Er wirkte wie ein erster Schritt zu einer späteren europäischen Integration.

Dieses wahrhaft historische Werk beruhte auf einer Rede des amerikanischen Außenministers George C. Marshall, die dieser im Juni 1947 bei der Entgegennahme eines Ehrendoktorats an der Harvard Universität in zwölf Minuten gehalten hatte. Dies genügte, um der ganzen transatlantischen Grundidee die Richtung für die kommenden Jahrzehnte zu geben. Mir ist dieses unglaubliche Ereignis auch deshalb so lebhaft in Erinnerung, weil ich vierzig Jahre später an gleicher Stelle die Aufgabe hatte, die Welt daran zu erinnern, dass der Marshallplan zum Grundstein für den Wiederaufbau Europas nach dem Krieg geworden war.

Das bestimmende politische Element für den Umgang der Besatzungsmächte mit den Deutschen aber wurde sehr rasch der Konflikt der Sieger untereinander. Schnell wurde Berlin zu einem gefährlichen Brennpunkt. Die Westmächte hatten nach einiger Verzögerung die ihnen gemäß dem Potsdamer Abkommen zustehenden drei Sektoren der Hauptstadt in Besitz genommen. Noch gab es in Berlin eine gemeinsame Viermächteverwaltung. Im Frühsommer 1948 kam es in Westdeutschland zu einer Währungsreform, die auch für West-Berlin übernommen wurde. Die sowjetische Zone führte ihre eigene Währung ein. Die gemeinsame Stadtverwaltung endete, der Oberbürgermeister Ernst Reuter übersiedelte in das West-Berliner Schöneberger Rathaus.

Inzwischen war die Bildung eines westdeutschen Teilstaates in vollem Gang. Die westlichen Alliierten hatten sich nach dem Scheitern der Londoner Viermächtekonferenz im Dezember 1947 auf die Gründung eines solchen Weststaates verständigt. Mit der Überreichung der «Frankfurter Dokumente» erteilten sie den Ministerpräsidenten der Länder das Mandat zur Ausarbeitung einer Verfassung.

Es war ein entscheidender und zugleich schwerer Auftrag. Er lag nun in der Hand der wieder oder neu gebildeten Länder. Die Länderchefs zögerten. Sie wollten allenfalls ein Übergangsgebilde. Es sollte das Ziel einer späteren Vereinigung von Ost- und Westdeutschland nicht beschädigen, die machtpolitisch vollzogene Teilung Deutschlands nicht verfestigen.

In dieser Lage fiel dem Berliner Oberbürgermeister Ernst Reuter eine entscheidende Rolle zu. Er war es, der auf der Niederwaldkonferenz im Sommer 1948 seine westlichen Kollegen aufforderte, ein prägendes Signal des Rückhalts für das schwer bedrängte West-Berlin zu setzen, das seit Wochen unter sowjetischer Blockade von allen Zufahrtswegen abgeschnitten war und nur dank der politisch, technisch und menschlich großartigen westalliierten Luftbrücke weiterlebte. Die politische und ökonomische Vereinigung und Konsolidierung des Westens werde Berlin den Rücken stärken, so Reuter, während es zu unüberwindlichen Schäden für ganz Westeuropa kommen würde, falls man West-Berlin in seiner schweren Bedrängnis allein ließe. Er fügte hinzu, eine spätere deutsche Einheit könne nach seinem Verständnis eines Tages nur von Berlin ausgehen. So sei jede Stärkung der Hauptstadt in seinen Augen auch ein Schritt auf dem Weg zur Einheit. Die

Gründung eines westdeutschen Teilstaates erschien in dieser Perspektive als eine elementare Voraussetzung für die spätere Wiederherstellung des Ganzen, «für die Rückkehr des Ostens zum gemeinsamen Mutterland».

Inzwischen hatte ein Kreis der besten Fachleute auf der bayerischen Insel Herrenchiemsee die Arbeit für einen Verfassungsentwurf auf sich genommen. Später folgte der Zusammentritt des Parlamentarischen Rates in Bonn. Hier entstand das Grundgesetz. Warum nur «Grundgesetz»? Der Begriff sollte die Vorläufigkeit im Hinblick auf das geteilte Deutschland signalisieren. Man habe auch für jene Deutschen gehandelt, so hieß es in der Präambel, «denen mitzuwirken versagt war». Und doch wurde es eine wahrhaftige Verfassung. Es wurde der entscheidende, historisch endgültige Schritt der Deutschen zur freiheitlichen, rechtsstaatlichen parlamentarischen Demokratie. Das Herzstück wurden die unantastbaren und einklagbaren Grundrechte unter der Obhut des neu geschaffenen Bundesverfassungsgerichts. Seine Aufgabe und sein rasch wachsendes Ansehen änderten das Verhältnis des Bürgers zum Staat.

Das Grundgesetz trat bescheiden hervor und übertraf doch in seiner Wirkung alle früheren Verfassungen. Auf seinem Boden entstand zunächst die westdeutsche Bundesrepublik als Verfassungsstaat. Der feste Grund war geschaffen, auf dem dann vierzig Jahre später der Weg zur deutschen Einheit beschritten werden konnte.

V

Die umkämpfte deutsche Frage

Die führende Persönlichkeit in Westdeutschland war Konrad Adenauer. Er gehörte zu einer Generation, die zumeist ihre ersten Erfahrungen im Kaiserreich und in der Weimarer Republik gesammelt hatte und jetzt maßgeblich in den wieder- oder – wie im Fall der CDU – neugegründeten Parteien arbeitete. Kurt Schumacher gehörte dazu, Theodor Heuss und Reinhold Maier, Jakob Kaiser, bald Herbert Wehner und andere.

Adenauer verband in seiner Person die beiden für die neu begründete Bundesrepublik maßgeblichen Aufgaben in eindrucksvoller Weise. Auf der einen Seite galt es, das Verfassungsziel der Wiedervereinigung zu bewahren, lebendig zu halten und zu fördern. In mancherlei Debatten ist ihm zwar oft vorgehalten worden, er habe sich hier ebenso korrekt wie leidenschaftslos verhalten. Es ließ sich ja auch nicht gänzlich leugnen, dass er in seiner langen früheren Laufbahn nie einen Hehl daraus gemacht hatte, kein Berliner zu sein, sondern ein Kölner. Schmunzelnd hat er mir einmal erzählt, er habe den britischen Oberbefehlshaber gefragt, was denn im Lauf der Geschichte der größte Fehler der britischen Außenpolitik gewesen sei – eine für den General schwer zu beantwortende

Frage. Adenauer bot selbst die Lösung an. Am Ende der Napoleonischen Ära hatten sich die Sieger auf dem Wiener Kongress zusammengefunden. Damals, 1815, sei Preußen-Berlin mit der Forderung aufgetreten, sich nunmehr Sachsen einverleiben zu können. Der britische Außenminister jedoch habe verlangt, durch enge britisch-preußische Zusammenarbeit gegen neue künftige Aggressionen der Franzosen gut gewappnet zu sein. Daraufhin habe Preußen auf Sachsen verzichten müssen. Stattdessen seien die Berliner als neue Herren an den Rhein gekommen: die armen Kölner!

Auf der anderen Seite war das Entscheidende für Adenauer die Bindung an die Politik der Westmächte im Gegenüber zum Ostblock. Unter den gegebenen machtpolitischen Bedingungen in Europa hatte die Westbindung Vorrang vor der Frage, auf welche Weise man irgendwann dem Ziel der Vereinigung näherkommen könne. Für Adenauer ging es zuerst darum, sich mit den Amerikanern und dann innerhalb der werdenden europäischen Gemeinschaft auf unverbrüchliche Weise nicht nur wirtschaftlich, sondern auch außen- und sicherheitspolitisch zum Westen zu zählen.

Bald kam es zu innenpolitischen Auseinandersetzungen in der Bundesrepublik. Die Amerikaner hatten begonnen, nach einem deutschen Verteidigungsbeitrag für den Westen im Kalten Krieg zu rufen. Als Adenauer dem amerikanischen Hochkommissar McCloy 1950 ein Memorandum zur Aufstellung eines deutschen militärischen Kontingents überreichte, das er nicht zuvor in der Bundesregierung hatte beraten lassen, legte der Bundesinnenminister Gustav Heinemann sein Amt nieder und trat aus der CDU aus. Er sah in der Wiederaufstellung deutscher Truppen so bald nach dem Ende des Weltkrieges eine schwere Belastung für den Aufbau des jungen

Staates. Zugleich fürchtete er eine Einschränkung für den politischen Handlungsspielraum der Westdeutschen und nicht zuletzt eine Gefährdung des Zieles einer späteren Wiedervereinigung. Es folgte seine eigene Parteigründung – die Gesamtdeutsche Volkspartei. Das Programm dieser neuen Partei stand in seiner Wirkung bald hinter dem bedeutenden persönlichen Einfluss ihrer führenden Mitglieder zurück, die relativ bald gemeinsam in die SPD eintraten. Zu ihnen zählten u. a. Johannes Rau, Erhard Eppler, später Jürgen Schmude und eben vor allem Gustav Heinemann selbst.

Hohe Achtung vor ihm gewann ich schon durch sein kraftvolles Gewissen, seinen Mut und seine rechtsstaatliche Konsequenz, mit denen er Jahre später als Bundesjustizminister der Großen Koalition während heftiger «68er»-Auseinandersetzungen die Notstandsgesetze durch den Bundestag brachte. Nachdem seine Kandidatur zum Bundespräsidenten zunächst in große parteipolitische Streitigkeiten geraten war, übte er nach der Wahl 1969 sein Amt in wahrhaft vorbildlicher Weise aus.

Unbeirrbar folgte Adenauer während der fünfziger Jahre seiner Richtung, sich fest mit dem Westen zu verbinden. Seine Politik war berechenbar. Nach innen und außen half ihm die gewachsene Unterstützung, die ihm aus Washington zuteil wurde. Dennoch fanden sich in Westdeutschland auch andere Denkrichtungen. Gab es denn nicht eine gleichsam blockfreie deutsche Alternative, die für eine spätere Wiedervereinigung bessere Chancen bieten könne? So wurde da und dort gefragt.

Die Sowjetunion schien dieser Tendenz Vorschub leisten zu wollen. 1952 erfolgte der Vorschlag Stalins an alle beteiligten Regierungen, ein vereinigtes neutrales Deutschland unter der Kontrolle der Siegermächte zu bilden.

Mit dieser Note aus Moskau und ihrer Behandlung im Westen zeigte sich, dass die Deutschlandpolitik der Siegermächte zum Brennpunkt ihrer Auseinandersetzungen im Kalten Krieg geworden war. Der Westen wollte die neugegründete Bundesrepublik in die sich bildenden europäischen und transatlantischen Strukturen einbeziehen. Ebendies schien Stalin mit seinem Vorschlag verhindern zu wollen.

Aus eigenem Interesse und auf nachdrückliches Verlangen Adenauers lehnten die USA jegliches Eingehen auf die Vorschläge der Sowjetunion rundheraus ab. War das wirklich nötig? So fragten sich manche westlichen Stimmen. Wäre denn eine bloße neugierige Nachfrage in Moskau für Adenauers Kurs gefährlich gewesen? Es wäre ja nicht uninteressant gewesen, zu erfahren, ob sich irgendetwas halbwegs Bedeutsames hinter Stalins Konzept verbergen könnte. Zugleich bestand nicht die geringste Gefahr, dass die feste und völlig übereinstimmende Haltung Amerikas und Adenauers irgendwie verunsichert worden wäre. Allenfalls hätte es Moskau geschadet, wenn sich bei inhaltlicher Offenlegung der Stalinnote gezeigt hätte, dass sie nur heiße Luft war.

Es war und bleibt aber eine müßige Spekulation, ob mit der brüsken Verweigerung jedweder Neugier auf die Note eine halbwegs lohnende Gesprächschance über die Zukunft vertan worden sei. Die weitere Deutschlandpolitik Moskaus während der fünfziger Jahre belegte dies überdeutlich.

Der Westen schritt mittlerweile zügig voran, um die Bundesrepublik in die neuen internationalen Strukturen einzubinden. Schon 1951 war die westeuropäische Montanunion gegründet worden. Dabei ging es nicht nur um einen wirtschaftlich orientierten gemeinsamen Markt für Kohle und Stahl. Im Vordergrund stand vielmehr die feste Absicht, es nicht erneut zu einem Wettlauf von Wiederaufrüstungspolitik zwischen Franzosen und Deutschen mit unklaren späteren Revancheabsichten kommen zu lassen. Kerngedanke dieser Montanunion war demgemäß ein historisch-politischer.

Im selben Sinne war es auch zum Vertrag über eine europäische Verteidigungsgemeinschaft gekommen, der freilich kurz darauf im französischen Parlament keine Mehrheit fand. Anstelle dieser EVG entstand wenig später die EWG, die Europäische Wirtschaftsgemeinschaft, der gemeinsame Markt, die prägende Basis der werdenden Europäischen Union.

Schon zuvor aber war die Einbeziehung der Bundesrepublik als neues Mitglied in die bereits gegründete NATO erfolgt. Es war nicht allen Mitgliedern des Bündnisses leichtgefallen, so bald nach dem Krieg einen neu bewaffneten deutschen Partner aufzunehmen. Der damalige Generalsekretär der NATO, Lord Ismay, fand für solche Empfindungen eine berühmt gewordene Begründung: Der Sinn des Bündnisses sei es «to keep the Americans in, the Russians out and the Germans down». In Wahrheit lag es jedoch im elementaren Interesse des Westens, für den Kalten Krieg die Bundesrepublik ausdrücklich einzubeziehen.

Für Adenauer war vor allem die Wiederaufnahme in den Club der freien Nationen, in die westlichen Demokratien, das erstrebte und erreichbare Ziel. Die zwischen ihm und dem französischen Präsidenten Charles de Gaulle vollzogene, tief reichende Verständigungspolitik bedeutete einen fundamentalen Wendepunkt in der Geschichte Europas.

Wie waren die Auswirkungen dieser Entwicklung auf die deutsche Frage? Die Bundesrepublik wurde der Osten des Westens, integriert im atlantischen Bündnis und in der Europäischen Gemeinschaft. Die DDR wurde der Westen des Ostens, ihrerseits ein wichtiges Mitglied des COMECON und bald darauf auch des Warschauer-Pakt-Systems. Aus seiner historischen kontinentalen Mittellage war Deutschland in eine doppelte Randlage geraten. Die sowjetische Reaktion auf die Entwicklung im Westen erfolgte sofort und eindeutig: Es sei der Westen, der den Zugang zu einer späteren Wiedervereinigung verschüttet habe. Nun gebe es keine offene deutsche Frage mehr.

Dennoch blieb Deutschland auch weiterhin von den Bedingungen seiner Lage in der Mitte geprägt. Zwar war die Mitte geteilt, aber auch die geteilte Mitte blieb Mitte. Das Einheitsthema konnte dabei ganz gewiss nicht vom Erdboden verschwinden. Es lebte fort, in den Herzen und Köpfen der Menschen, wenn auch unter Schwankungen in Ost und West.

Das Grundgesetz der Bundesrepublik stand unter dem verbindlichen Vorbehalt einer späteren Wiedervereinigung. Selbst die Verfassung der DDR hielt in ihrem Artikel 1 am Einheitsgedanken fest: «Deutschland ist eine unteilbare demokratische Republik.» Selbst der Text der ostdeutschen Nationalhymne beschwor «Deutschland, einig Vaterland».

Walter Ulbricht, der führende Mann in der SED, unternahm den Versuch einer Umdeutung der nationalen Frage. Sie sei nicht vollständig gleichbedeutend mit der Einheit Deutschlands. Die nationale Frage sei für die Deutschen zutiefst eine soziale, eine Klassenfrage. Damit sollte die deutsche Frage vorerst in den zweiten Rang gerückt und erst dann als gelöst angesehen werden, wenn zuvor die Klassenfrage entschieden sei. Indem er die offene deutsche Frage auf einen solchen Klassengegensatz zuspitzte, also das arbeitende Volk gegen die Monopolkapitalisten, verwandelte er die Frage nach der Einheit der Nation in eine sozialideologische Auseinandersetzung.

VI

Wirtschaftswunder und Vergangenheitspolitik im Westen

Während derselben Zeiträume hatte die innere Entwicklung in der westlichen Bundesrepublik elementare Fortschritte gemacht. Eine anfängliche Arbeitslosigkeit und die Versorgung der Bevölkerung durch Lebensmittelkarten waren allmählich überwunden. Ludwig Erhard hatte mit Überzeugung, Kraft und Mut die Währungsreform durchgesetzt. Die Zeit einer allseits belebenden sozialen Marktwirtschaft brach an. Der Marshallplan half prägend mit. Es kam eine Phase der aktiven, fruchtbaren Verbindung wirtschafts- und sozialpolitischer Fortschritte. Ein Bundesversorgungsgesetz half bei Kriegsschäden. Ganz besondere Bedeutung erlangte das Lastenausgleichsgesetz. Zweifellos konnten materielle Mittel den menschlich unendlich schweren Verlust der angestammten Heimat wie auch massive Enteignungen im Osten nicht ausgleichen. Um sich aber im Westen neu verwurzeln zu können, brauchten die Flüchtlinge aus dem Osten eine elementare Unterstützung. Sie wurde von den westlichen Landsleuten mitgetragen und brachte damit eine hilfreiche persönliche Anteilnahme gerade auch derjenigen Mitbürger auf den Weg, die keine kriegsbedingten Heimatverluste zu tragen hatten.

In jenen Jahren habe ich nach abgeschlossener Berufsausbildung als Jurist auf meinem ersten Arbeitsplatz bei einem Montanunternehmen im Ruhrgebiet, bei der Mannesmann AG, aktiven Anteil an neuen sozialpolitischen Entwicklungen genommen. Dazu gehörten unter anderem das Betriebsverfassungsgesetz, neue Mitbestimmungsvorschriften, Arbeitnehmerbeteiligungen am Betriebsergebnis und Lohnfortzahlung im Krankheitsfall. Ludwig Erhard hatte stets darauf geachtet, dass nur sozial zugesagt und verteilt werden dürfe, was tatsächlich erwirtschaftet wurde. Aufs Ganze gesehen war es eine überaus fruchtbare Verwendung dieser Mittel zu grundlegend vernünftigen sozialpolitischen Fortschritten.

Das Wort vom «Wirtschaftswunder» machte die Runde, kein glücklicher Ausdruck. Es war ja nicht vom Himmel gefallen. Vielmehr war es primär Folge einer überaus nüchternen und harten Arbeit, wenn auch gewiss unter dem Schutz eines positiven außenpolitischen Umfelds.

Der Blick in die Vergangenheit fiel damals, in den fünfziger Jahren, schwerer als die so erfolgreiche Arbeit an einer Zukunft im allmählich heranwachsenden Wohlstand. Die Bundesrepublik bekannte sich zwar zur historischen Verantwortung für die Folgen des grauenhaften nationalsozialistischen Unrechts; dabei stand Israel im Mittelpunkt. Dennoch blieb vieles offen. Pauschale Ansätze der Siegermächte mit Fragebögen, Spruchkammern und Re-education-Programmen hatten so viel nicht bewirkt und waren angesichts der vielfältigen Aufgaben zur Überwindung der Nachkriegsnot zurückgetreten. Der wirtschaftliche Wiederaufbau des total zerstörten Landes, bei dem man buchstäblich einen Stein auf den anderen setzen musste; die Etablierung einer guten Verfassung, die

vor allem daran orientiert war, die Fehler der Verfassung von
Weimar nicht zu wiederholen, und zuletzt die allmähliche Integration in den Kreis der Westmächte: Mit diesem dreifachen
Aufbau beschäftigt, blieb der jungen Bundesrepublik für anderes wenig Zeit. Aus tiefer innerer Überzeugung bekannte
man sich mit der neuen Verfassung zum freien, sozialen und
demokratischen Rechtsstaat. Damit hatte man sich eindeutig
zum Westen geschlagen. Westdeutschland wurde in das westliche Bündnis als Eckpfeiler eingebaut. All das drängte die
Vergangenheit in den Hintergrund.

Das Heranwachsen einer neuen Generation führte zu
neuer Selbstbesinnung. Junge Menschen begehrten gegen das
vielfach von ihnen so empfundene Vergangenheitsschweigen
der älteren Generation auf. Sie versuchten, das historische Urteil selbst in die Hand zu nehmen, gerecht und selbstgerecht
zugleich. Wir verdanken dem Generationenkonflikt rund um
das Jahr 1968 weder die erste noch eine vorbildliche Verarbeitung der Vergangenheit. Aber es ging den Jungen nicht nur
um Ehrlichkeit der Alten im Umgang mit ihren Rollen in der
Nazizeit. Darüber hinaus bäumte sich eine Generation gegen
die Autoritätsansprüche auf, als die sie politisch oft die Person und Amtsführung Adenauers, aber auch die Haltung vie-
ler ihrer eigenen Professoren und Lehrmeister empfand. Die
Mittel der Proteste waren zuweilen grotesk. Andererseits
zeigte sich in den großen Debatten um die Wiederbewaffnung,
später dann in der Sorge um unsere Umwelt ein starker ethisch-
moralischer Konflikt.

Zu den wichtigen Ergebnissen aber gehörte die Überwindung bürgerlicher politischer Passivität, die Begründung eines
neuen, lebhaften Engagements und bedeutender Schritte in
Richtung auf eine aktive Bürgergesellschaft.

Für solchen Wandel durch Annäherungen gibt es übrigens frühe Beispiele: Schon dem zunächst umstrittenen Wiederaufbau von Streitkräften in den fünfziger Jahren war man ja erst dadurch nähergetreten, dass man dem Konzept des «Bürgers in Uniform» gefolgt war, dessen Grundgedanke seither unangefochten bis in die Gegenwart gilt.

VII

Politische Teilung –
menschlicher Zusammenhalt

Meine beruflichen Aufgaben bei Mannesmann hatten mich in den fünfziger Jahren in den Bereich der Sozialpolitik geführt. Es handelte sich um Themen, die alsbald auch zu parlamentarischen Auseinandersetzungen führten. Auf diese Weise stellte sich damit auch für mich die Frage nach dem eigenen Verhältnis zu einer politischen Partei, gegebenenfalls zu einer Mitgliedschaft.

Im Zentrum meines Interesses standen die sozialethischen, geistigen Wurzeln von politischen Programmen. Sie fanden sich in den damals äußerst aktiven Forschungen und Publikationen der katholischen Soziallehre und der evangelischen Sozialethik, ohne direkte Verbindung zur Parteipolitik. Dennoch führte mich dies zu meiner Mitgliedschaft in der CDU. Dort ging es einerseits darum, die konfessionellen Gegensätze des Kaiserreichs und der Weimarer Republik nunmehr zu überwinden. Dafür hatte das große «U» als Zeichen der Union seine zentrale Bedeutung. Zugleich galt es, das christliche C als eine Forderung an sich selbst zu verstehen, dagegen niemals als einen Monopolanspruch gegenüber anderen zu missbrauchen – ein hehres Ziel, gegen das innerhalb und außerhalb des politischen Parteiwesens immer wieder verstoßen wurde.

Im engeren Sinn suchte ich damals aber keine parteipolitische Aktivität. Einmal wurde ich dem Kanzler Konrad Adenauer vorgestellt. Da sagte er mir nur, ich solle mich jetzt um meine Familie und meinen Arbeitsplatz kümmern. In der Politik werde ich nicht gebraucht. Überrascht war ich nicht. Er kannte mich nicht und ich hatte mich auch um gar nichts bei ihm beworben. Meine Achtung vor der klugen Unabhängigkeit und der selbstsicheren Würde dieses Mannes litt nicht im Allergeringsten. Dennoch habe ich empfunden, dass er manchmal auch öffentlich etwas mehr dafür hätte werben können, um die nachwachsende Generation zur aktiven Beteiligung an der für uns noch neuen Demokratie zu motivieren. Sollten wir denn einfach nur unter der Autorität der Vätergeneration brav immer älter werden? Aber Adenauer machte eben alles gut, am liebsten und am besten allein. Später freilich hat mich Adenauer einmal nachdrücklich aufgefordert, für den Bundestag zu kandidieren. Zu jener Zeit wiederum ging das nicht.

Mein weiterer Weg stand alsbald im Zeichen der staatlichen Teilung Deutschlands und vor allem ihrer Auswirkungen auf das Lebensgefühl der Menschen in Ost und West. Beide neugegründeten Teilstaaten gingen auf denkbar unterschiedliche Weise in eine unsichere Zukunft. Aber das Bewusstsein der Zusammengehörigkeit lebte bei den Bürgern nachhaltig fort.

Eine besonders große Verantwortung lag bei den Kirchen, insbesondere bei den evangelischen Kirchen, denen aufgrund ihrer Mitgliederzahl in der DDR eine prägende Rolle unter den Glaubensgemeinschaften zufiel. Die Kirchen mussten den Kontakt nicht erst suchen, sie hatten ihn nach 1945 nie abreißen lassen. In der DDR waren die Kirchen die einzigen selbstständigen, politisch unabhängigen im ganzen Land tätigen Institutionen.

Mit ihrer fortdauernden Ost-West-Zusammenarbeit war ich durch kein Amt verbunden. Aktiv aber beteiligte ich mich bald beim Deutschen Evangelischen Kirchentag, der großen Laienbewegung. Sie stammte schon aus dem 19. Jahrhundert. Nach der Unterbrechung durch die Nazizeit und den Krieg nahm sie rasch ihre Tätigkeit wieder auf.

Es waren Zusammenkünfte ohne Bindung an einzelne Landeskirchen oder Gemeinden. Man traf sich über alle Grenzen hinweg zum Austausch von Erfahrungen und Aufgaben im täglichen Leben. Nicht Laienunterricht über die Religion, sondern Hilfe und Ermutigung inmitten von Trennung und Not wurden gemeinsam gesucht. Auf diesem Weg errangen die Kirchentage rasch ein besonderes Gewicht als gesamtdeutsche Bewegung. Zusammen mit unzähligen Teilnehmern habe ich es erlebt. Sechs Jahre lang, von 1964 bis 1970, arbeitete ich im Ehrenamt des Kirchentagspräsidenten daran mit. Es war eine gesamtdeutsche Aufgabe, gewählt wurde man in beiden Teilen Deutschlands. Lange Zeit lag hier das Schwergewicht meiner Arbeit.

Schon auf dem ersten Nachkriegskirchentag 1949 stand die Aufforderung im Mittelpunkt, an der Einheit und menschlichen Zusammengehörigkeit in Deutschland festzuhalten. Auf dem Kirchentag in Essen 1950 erlebte ich inmitten von 150 000 Teilnehmern einen bewegenden Zusammenhalt zwischen Ost und West. In einer der vier Arbeitsgruppen wurde über das Recht der Menschen auf Heimat und Zugehörigkeit gearbeitet. Unüberhörbar gab die Atmosphäre dieses Kirchentages das Signal, dass hier die Deutschen jenseits der staatlichen Entwicklung sich ganz selbstverständlich über die gesellschaftlichen und sozialen Nöte gesamtdeutsch austauschten.

Zum folgenden Kirchentag trafen wir 1951 im geteilten Berlin zusammen. 300 000 Menschen versammelten sich zur Abschlussveranstaltung unter dem Leitspruch: «Wir sind doch Brüder». Das war nicht nur christlich gemeint, sondern in hohem Maße deutschlandpolitisch.

In den nächsten Jahren gab es wachsende Schwierigkeiten für ostdeutsche Christen, an westdeutschen Kirchentagen teilnehmen zu können. Wo immer ihnen die Mitwirkung gelang, waren sie es, die die Thematik und das Erscheinungsbild der Zusammenkünfte entscheidend prägten. Als dann aber 1954 ein Kirchentag zum ersten Mal in der DDR stattfinden konnte, zeigte sich seine überwältigende verbindende Kraft zwischen Ost und West auf eindrucksvollste Weise: Über 600 000 Teilnehmer kamen aus beiden Teilen Deutschlands in Leipzig zusammen. Die Richtung der großen Schlussversammlung wurde in die Worte gefasst: «Ob wir im Osten und im Westen bald vereinigt werden, weiß kein Mensch. Vielleicht liegt ein langer und harter Weg vor uns. Es besteht Gefahr, dass die einen erschöpft zusammenbrechen und die anderen sich selbst sichern. Wir dürfen und wollen das nicht! Wir halten aneinander fest, denn der Friede Christi unter uns übt seine Macht aus.»

Zugleich hielt der spätere Intendant des Westdeutschen Rundfunks, Klaus von Bismarck, der aus Pommern stammte, einen zündenden Vortrag über «Die Freiheit des Christen zum Halten und Hergeben». Er forderte die Christen in beiden deutschen Staaten auf, sich nicht aus der Politik herauszuhalten, sondern eigene Verantwortung innerhalb der jeweiligen politischen Ordnung wahrzunehmen. Es war ein Aufruf zur aufmerksamen und kritischen Mitarbeit dort, wo jeder lebte. Die Menschen im Osten sollten nicht nur im Westen das Heil erblicken. Zugleich solle der Westen endlich Schritte auf unsere ehemaligen Kriegsgegner im Osten hin tun, auch und gerade diejenigen im Westen, für die solche Schritte in die alte, nunmehr verlorene Heimat besonders schmerzhaft waren.

Gerade weil der Kirchentag zu einer gesamtdeutschen Kraft herangewachsen war, wurden seine politischen Daseinsbedingungen auch schwieriger. Die Führung der DDR wurde immer misstrauischer.

In die westdeutsche Bevölkerung waren mittlerweile über zehn Millionen Vertriebene aus verlorengegangenen deutschen Gebieten und mehrere Millionen Flüchtlinge aus der DDR aufgenommen worden. Je spürbarer die Lebensbedingungen in West und Ost voneinander abwichen, desto stärker wuchs der Strom der Flüchtlinge. Die «Abstimmung mit den Füßen» wurde zum immer gefährlicheren Verlust von Arbeitskräften und von Glaubwürdigkeit für den Teil Deutschlands, der dem «real existierenden Sozialismus» huldigte.

Frühzeitig hatte Moskau zusammen mit der DDR die innerdeutsche Grenze von der Ostsee bis nach Bayern strikt abgeriegelt. Da gab es keinen freien Übergang von Ost nach West oder umgekehrt. Das hatte ich selbst schon frühzeitig ausprobiert. Als Göttinger Student wollte ich Ende der vierziger Jahre einmal in den Osten nach Halle gelangen, um dort antiquarisch Lehrbücher für meine Staatsexamina zu erwerben. Also machte ich mich auf den Weg, um am Westrand des Harzes nachts über die grüne Grenze zu marschieren. Die Unternehmung endete in den Armen sowjetischer und ostdeutscher

Grenzposten und in einem kleinen Lager. Aus ihm bin ich nur mit Mühe und dank der Hilfe einer ebenfalls gefassten, aber besonders schlauen jungen Frau entkommen. Sie nahm sich vor, während der Nacht die Wachtposten durch lautes Schreien zu irritieren. Sie sei hochschwanger, so erklärte sie den Wächtern. Diese wollten sie daraufhin so rasch wie möglich loswerden. Die junge Frau aber verlangte, ihr Bräutigam müsse sie stützen und ihr Gepäck tragen. Zu ihrem Verlobten hatte sie mich erwählt. Und so entkam ich an ihrer Seite einer ungemütlichen Haft. Am nächsten Ortsbahnhof endete dann unsere Liebe.

Für die DDR-Bürger gab es nach wie vor einen Zugang über Ost-Berlin nach West-Berlin. Einmal im Westen der Hauptstadt angelangt, konnten sie in die Bundesrepublik weiterkommen. Das war es, was Chruschtschow das Berliner «Krebsgeschwür» nannte. Deshalb brach er im Herbst 1958 die nächste, die schwerste Berlinkrise des Kalten Krieges vom Zaun. Er verlangte, West-Berlin den Status einer «freien Stadt» zu geben, bei gleichzeitigem Abbruch aller Beziehungen zu Westdeutschland und dem Ende der westlichen Truppenpräsenz in der Stadt. Schließlich wollte Moskau der DDR die Souveränität über die Grenzen übertragen.

Zumal dank der harten Reaktion der US-Regierung kam es dazu nicht. Aber die Berlinkrise spitzte sich zu. Im Zeichen dieser Atmosphäre fand 1961 noch einmal ein Kirchentag in Berlin statt. Unvergesslich ist mir die Eröffnungsfeier in der zentralen, heute im Schatten des Fernsehturms stehenden Berliner Marienkirche, bei der führende politische Repräsentanten aus beiden deutschen Staaten auftauchten. Ungezählte Ostdeutsche nahmen an diesem Kirchentag teil. Einer der Gründe war, dass wiederum viele Teilnehmer eine vielleicht

Auf dem Kirchentag in Berlin kurz vor dem Bau der Mauer, 1961,
im Bild die Arbeitsgruppe «Juden und Christen».

letzte Chance angesichts der Berlinkrise nutzen wollten, um auf dem Weg über West-Berlin doch noch nach Westdeutschland gelangen zu können. Die Irritation der DDR-Führung war nun allseits zu spüren.

VIII

Der Mauerbau 1961

Wenige Tage nach dem Kirchentag kam es am 13. August 1961 zum Bau der wohl seit langem geplanten Berliner Mauer.

Nachdem Chruschtschows Versuch fehlgeschlagen war, den Status Berlins durch Erpressung zu verändern, versperrte die DDR zumindest den Zugang zum Westen. Die einseitige Maßnahme verstieß gegen die gemeinsamen Rechte der vier Mächte in der Stadt. Nun gebe es endgültig keine offene deutsche Frage mehr, so hieß es bei der SED.

Es war ein schwerer Eingriff in das Lebensgefühl der Stadt und in die Schicksale ihrer Einwohner. Der Regierende Bürgermeister von Berlin, Willy Brandt, nannte es beim Namen: Auf dem Berliner Spielplan habe das Stück mit dem Titel «Die Verantwortung der vier Siegermächte für Berlin als Ganzes» gestanden. Der Vorhang sei aufgegangen. Und siehe da, die Bühne war leer. Und sie blieb leer.

In seiner Rede vor dem Schöneberger Rathaus bekannte Brandt am 16. August 1961 vor über 200 000 erregten Berlinern, er habe dem amerikanischen Präsidenten John F. Kennedy seine Zweifel an dem Reaktionswillen und der Entschlossenheit der drei Westmächte übermittelt. In Wahrheit konnte damals aber nicht mit einer gewaltsamen westlichen Reaktion

auf die gewaltsame Teilung der Stadt durch die Mauer gerechnet werden. Das vorrangige Ziel der amerikanischen Außenpolitik im damaligen Stadium des Kalten Krieges war es not-
wendigerweise, das Verhältnis zur Sowjetunion nicht noch
weiter anzuspannen, es schon gar nicht durch ein direktes
Vorgehen gegen den Bau der Mauer an den Rand eines neuen
Krieges zu bringen. Brandt war sich dieser Einschätzung zweifellos bewusst. Dennoch hatte er zur aufgewühlten Berliner
Öffentlichkeit sprechen wollen und zweifellos auch müssen.

Das übergeordnete Thema in den Jahrzehnten vom Mauerbau über die Kuba-Krise 1962 bis zum Mauerfall hieß für
die Westmächte nicht Vereinigung, sondern Deeskalation:
Schritte zur Behutsamkeit im Kalten Krieg. Ganz besonders
im Hinblick auf die angespannte Lage in Berlin hat Kennedy
während der hoch brisanten Kuba-Krise ja auch von Gewalt-
maßnahmen gegen die sowjetische Waffenstationierung auf
Kuba Abstand genommen, obwohl ihn mehrere amerikanische Ratgeber dazu bewegen wollten.

Aber wie sollte es nun in Berlin weitergehen? Die Mauer
trennte die Menschen auf härteste, schmerzlichste Weise. Und
sie bezeugte die Zusammengehörigkeit, gerade weil sie so
grausam trennte. Sie wurde das berühmteste, das berüchtigtste
politische Bauwerk der Nachkriegszeit, das wegen seiner Un-
menschlichkeit nicht vergessen werden konnte. Wer auf der
Welt für die Freiheit eintreten wollte, bekannte sich in den Fol-
gejahren als «Berliner»: Die Worte des amerikanischen Präsidenten Kennedy, ein Jahr später vor dem Schöneberger Rathaus gesprochen, waren ein positives symbolisches Zeichen.

Nun war es vor allem Egon Bahr, der konzeptionell voraus-
denkende und aktiv handelnde nächste Mitarbeiter von Willy
Brandt, der sich mit ganzer Kraft der Aufgabe zuwandte, den

Menschen in dieser Lage Schritt für Schritt Erleichterung zu verschaffen. Dafür gab es keine gewaltsamen Wege. Deshalb aber einfach passiv auf Wunder zu warten, war für die Bürger in der geteilten Stadt unzumutbar und unverantwortlich. Vielmehr wurde es nun unabdingbar notwendig, mit den Machthabern in Ost-Berlin direkt zu sprechen. Es gab keine andere Möglichkeit.

Egon Bahr hatte 1963 seine Gedanken für das Ost-West-Verhältnis auf einen weit über Berlin hinausgehenden Begriff gebracht. Es war die berühmt gewordene, heiß umstrittene Formel: «Wandel durch Annäherung». Was sollte das heißen? Verhandlungen und deshalb Annäherung an eine Ostblockmacht? Also Verhandlungen mit der DDR-Regierung? Gleichzeitig aber alle diplomatischen Beziehungen zu jedwedem Land abbrechen, das Beziehungen zur DDR aufnahm? Das Letztere war bis tief in die sechziger Jahre hinein die Maxime der Bonner Politik im Verhältnis zur DDR: die sogenannte Hallstein-Doktrin, benannt nach deren Begründer Walter Hallstein, unter Adenauer Staatssekretär im Auswärtigen Amt.

Gleichviel – der West-Berliner Senat verhandelte dennoch mit den Ost-Berliner Machthabern. Für Weihnachten 1963 kam es zum ersten sogenannten Passierscheinabkommen. Die West-Berliner reagierten mit überwältigender Zustimmung. Hunderttausende Bürger nutzten die Feiertage zum Besuch ihrer Verwandten und Freunde im anderen Teil der Stadt. Die nachfolgenden West-Berliner Wahlergebnisse bestätigten nachhaltig den Weg des Senats, der die Kontakte mit Ost-Berlin aufgenommen hatte und fortsetzte. Das wurde auch ein ostpolitisches Signal für die späteren Wahlstimmen im ganzen Westen, über West-Berlin hinaus.

IX

Unterwegs zur neuen Außenpolitik

Bis zum Ende der fünfziger Jahre hatten sich die Verhältnisse in der Bundesrepublik unter der maßgeblichen politischen Führung Adenauers und im Zeichen abnehmender Streitigkeiten im Bundestag weiterentwickelt. Bis hinein in die Bildungs-, Schul- und Hochschulpolitik gab es beherrschende Strukturen ohne allzu nachhaltige öffentliche Kritik.

Doch das änderte sich nun allmählich. Am Übergang in die sechziger Jahre kam erstmals eine immer deutlichere öffentliche Aussprache in Gang: Ihre Ursachen waren nicht primär in Wahlkämpfen der Parteien zu finden, sondern in einer wachen und wachsenden Bürgerdiskussion. Eingefahrene Richtungen und ein etablierter Respekt vor Autoritäten wurden mehr und mehr hinterfragt.

Im Jahr 1962 löste das «Tübinger Memorandum» eine lebhafte öffentliche Debatte aus. Hier äußerten sich ohne eigenes politisches Wahlmandat acht Persönlichkeiten des öffentlichen Lebens, die zum Teil seit Jahrzehnten eng miteinander befreundet waren, in einer Denkschrift zu zentralen Fragen der Außen- und Sicherheitspolitik, der Sozialstruktur in der Gesellschaft und des Schul- und Hochschulwesens. Neben der Forderung nach einer Reform des Bildungswesens spielte der Ausblick auf eine neue aktive Außenpolitik mit dem Ziel einer Normalisierung der politischen Beziehungen zu unseren östlichen Nachbarn eine wesentliche Rolle. Zu den Unterzeichnern gehörten der Pädagoge Georg Picht, der später den Begriff «Bildungskatastrophe» prägte; Hellmut Becker, der Sohn des preußischen Kultusministers, der ein Jahr später das Max-Planck-Institut für Bildungsforschung in Berlin gründete; der Intendant des Westdeutschen Rundfunks, Klaus von Bismarck, sowie als Vertreter der Naturwissenschaften die Physiker Werner Heisenberg und mein Bruder Carl-Friedrich.

Eine wichtige Rolle bei der Abfassung des Textes spielte Bischof Hermann Kunst, der sich jedoch im Hintergrund hielt. Besondere Aufmerksamkeit dagegen rief in der Öffentlichkeit der Name von Joachim Beckmann hervor, dem Präses der Evangelischen Kirche im Rheinland. Aber auch er wollte nicht den Eindruck erzeugen, als handle es sich bei dem Tübinger Memorandum um eine amtliche Verlautbarung der Kirche. Das Dokument behielt also den Charakter einer privaten Ausarbeitung. Dennoch erzeugte es eine lebhafte öffentliche Debatte.

Es waren vor allem die Überlegungen zu einer neuen «aktiven Außenpolitik», zur «Normalisierung der politischen Beziehungen zu den östlichen Nachbarn», an denen sich die Gemüter erhitzten. Die erste und wichtigste Voraussetzung einer solchen Politik sei die Einsicht, «dass wir den Souveränitätsanspruch auf die Gebiete jenseits der Oder-Neiße-Linie werden verloren geben müssen». Im Übrigen belaste eine Forderung aus Bonn nach Wiederherstellung der Grenzen von 1937 auf Dauer auch das Anliegen der Wiedervereinigung (und die Freiheit West-Berlins), zumal sie keinerlei Zustimmung bei den westlichen Verbündeten finde. Das eine sei vom anderen zu trennen, die Gebiete jenseits von Oder und Neiße müssten endgültig als verloren betrachtet werden: «Die Anerkennung der Oder-Neiße-Grenze mag in den vergangenen Jahren außenpolitisch ein denkbares Handelsobjekt gewesen sein. Heute schließen wir uns der Meinung jener Sachverständigen an, die glauben, dass die öffentliche Anerkennung dieser Grenze ... unsere Beziehungen zu Polen entscheidend entlasten, unseren westlichen Verbündeten das Eintreten für unsere übrigen Anliegen erleichtern und der Sowjetunion die Möglichkeit nehmen würde, Deutschland und Polen gegeneinander auszuspielen.»

Heimatvertriebene protestierten damals: Auch die Vertriebenen hätten ein «Recht auf Heimat». Es sei sehr zweifelhaft, hielt der Jurist Ludwig Raiser dagegen, ob ein solches Recht im Sinne des Völkerrechts durchsetzbar sei. Raiser, Rektor der Tübinger Universität und Mitglied der Synode der EKD, gehörte ebenfalls zu den Unterzeichnern des Memorandums. Was sollte das für ein Recht sein, fragte er in einem längeren Briefwechsel mit dem Vorsitzenden des Göttinger Arbeitskreises, in dem sich die Gegner formiert hatten, das einem jüngeren, *nicht* im Osten geborenen Deutschen erlaube, sich darauf zu berufen, einem dort geborenen Polen aber nicht?

Das Echo der Debatte über dieses Memorandum hatte eine bleibende Wirkung durch das ganze Jahrzehnt bis zur späteren neuen Bonner Ost- und Deutschlandpolitik.

An der heftigen Debatte um das Tübinger Memorandum beteiligte ich mich im Sommer 1962 mit meiner ersten ausführlichen öffentlichen Stellungnahme. Marion Dönhoff publizierte sie in der «ZEIT». Inwieweit sie selbst die Positionen der Tübinger Denkschrift teilte und ob sie zu diesem frühen Zeitpunkt schon für sich selbst einen Schlussstrich gezogen hatte, kann

ich nicht sagen. Es hat «Jahrzehnte gedauert», schrieb sie jedenfalls 1988 am Ende ihrer Erinnerungen an die Kindheit in
Ostpreußen, «bis ich imstande war, für mich selbst das zu ak-
zeptieren, was dann später kam: der Verlust der Heimat. Lange
Zeit hatte ich wider alle Vernunft gehofft, irgendein Wunder
werde geschehen.»

Andererseits könne sie sich nicht vorstellen, hieß es bereits im Vorwort ihres 1962 erschienenen Erinnerungsbuches
«Namen, die keiner mehr nennt», « dass der höchste Grad der
Liebe zur Heimat dadurch dokumentiert wird, dass man sich
in Hass verrennt gegen diejenigen, die sie in Besitz genommen haben ... Vielleicht ist dies der höchste Grad der Liebe:
zu lieben ohne zu besitzen.» Dennoch fuhr sie dann im Dezember 1970, obwohl Willy Brandt sie eingeladen hatte, nicht
mit nach Warschau zur Unterzeichnung des deutsch-polnischen Vertrags.

Mein Beitrag für die «ZEIT» galt der Außenpolitik. Die Deutschen lebten an einer der gefährlichsten Nahtstellen der Welt
und müssten deshalb ganz besonders darauf bedacht sein,
den Ost-West-Konflikt nicht zu verschärfen. «Wir müssen gegen das Odium ankämpfen, als wären *wir* die Störenfriede, obwohl es sich doch um Probleme der *ganzen* westlichen Welt
handelt ... Die Teilung Deutschlands hat seit langem aufgehört,
ein selbstständiges Problem zu sein. Sie gehört zur Teilung
Europas und kann nur mit dieser überwunden werden.» Diese
Einstellung erfordere einen langen Atem, denn die Teilung
Europas sei kaum durch unsere Forderungen, sondern nur
noch durch allmähliche Veränderungen des Gesamtzustands
zu überwinden. «Moskau wird auf längere Sicht immer größere Schwierigkeiten haben, sein Imperium zusammenzuhal-
ten.»

Zunächst ging es für uns um Fortschritte für mehr Freiheiten für die Deutschen in der DDR. Dafür zog ich den Schluss, dass es politisch geboten sei, die Hallstein-Doktrin in ihrer ursprünglichen Form abzuschaffen. «Indem sie erklärte, die «Zone» existiere nicht als völkerrechtliches Subjekt, erzeugte sie die Vorstellung, die «Zone» existiere politisch überhaupt nicht. Faktisch hat sie damit den Graben vertieft und zur Verselbstständigung der Teile beigetragen.» Weder habe sie den Gedanken der Einheit befördert, noch habe sie zu größeren Freiheiten für die Bevölkerung der DDR geführt. Eine neue Ostpolitik müsse die denkbaren Brücken schlagen, nach Polen, nach Ungarn, in andere Staaten des Warschauer Paktes, und auf diese Weise daran mitwirken, dass «das westliche Lager seine Anziehungskräfte verstärkt». Wenn wirtschaftliche Beziehungen vertieft und menschliche Kontakte verstärkt werden, könnte umso eher «der Graben zugeschüttet werden, der Europa und Deutschland teilt».

Eine noch größere Debatte, eine schließlich politisch entscheidende Wirkung aber löste die sogenannte «Ostdenkschrift» aus. Verfasser waren die Mitglieder der Kammer für öffentliche Verantwortung der Evangelischen Kirche in Deutschland. In ihrem Zentrum stand unser Verhältnis zu Polen. Das Dokument wurde im Herbst 1965 veröffentlicht. Die Leitung der Kammer lag in der Hand von Professor Ludwig Raiser, dem Vorsitzenden des deutschen Wissenschaftsrates. Als sein Stellvertreter nahm ich den lebhaftesten Anteil an der Arbeit der Kammer, in der Vertreter aus beiden Teilen Deutschlands mitwirkten.

Die Evangelische Kirche beobachte mit wachsender Sorge, schrieb Bischof Kurt Scharf in seinem Vorwort, dass die Wunden, die der Zweite Weltkrieg bei den östlichen Nachbarn geschlagen habe, «noch kaum angefangen haben zu verheilen». Der Hauptgrund sei der Streit um die Oder-Neiße-Linie. Sowohl in ihrer Verantwortung für die aus dem Osten vertriebenen Deutschen als auch in Erfüllung ihres Auftrags, dem Frieden zu dienen, halte es die EKD für ihre Pflicht, Wege zu einer Lösung zu suchen.

In Kapitel IV behandelte Raiser völkerrechtliche Fragen. Seine Ausführungen hatten und haben großes Gewicht. Juristisch sei zunächst einmal zu konstatieren, dass sowohl die Wegnahme der Gebiete als auch die Vertreibung der Bevölkerung gegen geltendes Völkerrecht verstoßen hatten; es sei daher wohl begründet, dass die Vertriebenen selbst wie auch große Teile der übrigen deutschen Bevölkerung dies als schweren Verstoß empfinden.

Zugleich aber sei dem deutschen Volk bewusst, dass während des Krieges den Völkern im Osten, insbesondere den Polen, schweres Unrecht zugefügt wurde, und dass dieses Unrecht einen Ausgleich verlange. Weil «das Erbe einer bösen Vergangenheit dem deutschen Volk eine besondere Verpflichtung auferlegt, in der Zukunft das Lebensrecht des polnischen Volkes zu respektieren», könne der Ausgleich nur in einer Verständigung über die Oder-Neiße-Grenze gefunden werden.

Am Ende wurden die politisch Verantwortlichen in Bonn aufgefordert, «die abwartende Haltung aufzugeben» und insbesondere das Gespräch mit den Polen zu suchen. Die Verständigung über die deutschen Ostgrenzen sei die große politische Herausforderung der Zeit. Dabei müsse man ganz von vorn anfangen, eine dauerhafte Friedensordnung könne «nur im Zeichen eines neuen Anfanges verwirklicht werden».

Namens der EKD-Kammer luden wir Hauptverfasser der Denkschrift alsbald die Fraktionsführungen des Bundestages je einzeln zur Übergabe und Diskussion über die Themen unserer Arbeit ein. Es war die Zeit einer großen Koalition in Bonn. Das lebhafteste Treffen gab es mit Fritz Erler, Helmut Schmidt und Herbert Wehner; sie waren für die SPD gekommen. Namens der CDU folgten Rainer Barzel und Johann Baptist Gradl unserer Einladung. Noch war die Politik nicht am Ziel. Angesichts der noch immer vorherrschenden öffentlichen Stimmungslage war es für die Parteiführungen auch schwer genug. Man kam sich jedoch in aufgeschlossener Weise fühlbar immer näher.

«Die Opfer, die von dem deutschen Volk erwartet werden, leistet es nur, wenn es geschichtlich denkt», hieß es im Schlusswort der EKD-Denkschrift. Nur wenige Deutsche konnten sich damals jedoch ein Bild machen von der gewaltigen Bevölkerungsverschiebung, die mit der Verschiebung der polnischen Grenzen nach Westen verbunden war, geschweige denn von dem damit verbundenen vielfachen persönlichen Leid. Und nur wenige Deutsche waren bereit, den Zusammenhang zu sehen zwischen diesen von Stalin angeordneten Verschiebungen und der Verantwortung der Deutschen. Begonnen hatte das Leid der Polen mit dem deutschen Überfall am 1. September 1939.

Ich hatte es immer als Aufgabe meiner Generation empfunden, den Polen näher zu kommen. Persönlich hatte ich für diese Empfindung Schweres erlebt. An jenem 1. September 1939 war ich als Soldat in Polen mit einmarschiert. Am zweiten Kriegstag, dem 2. September, war mein geliebter älterer Bruder ein paar hundert Meter von mir entfernt gefallen. Wir waren im selben Bataillon. In der Nacht habe ich bei ihm gewacht. Zusammen mit den Kameraden habe ich ihn am Morgen beerdigt. Dann ging es weiter. Kaum hatte der

Krieg begonnen, hatte er mein Leben schon für immer geprägt.

Gegen Ende des Krieges musste meine in Ostpreußen verheiratete Schwester nach Westen weichen, sowie aus Breslau der Bruder meines Vaters, der Mediziner Viktor von Weizsäcker. Alles war ineinander verstrickt. Und die Polen mit ihren schweren Schicksalen? So konnte es nicht bleiben.

Daraus folgte für mich der Entschluss zum Einstieg in die unmittelbare Beteiligung an unseren Aufgaben nicht nur von außerhalb, sondern in politischen Wahlämtern der Bundesrepublik. Mein Amt als Kirchentagspräsident legte ich deshalb nieder und kandidierte 1969 für ein CDU-Bundestagsmandat.

Als die Wahl erfolgt war, suchte ich nach einer aktiven Mitwirkung in zwei Feldern: den innerdeutschen Beziehungen zwischen den beiden Teilstaaten und bei der Aussöhnung mit unseren ehemaligen Kriegsgegnern.

In der Deutschlandpolitik ging es zunächst um die Aufgabe, die Hallstein-Doktrin in ihrer Form und Wirkung schrittweise hinter uns zu lassen. Mit dieser Doktrin hatte Bonn ja seit langem erklärt, die DDR existiere nicht als völkerrechtliches Subjekt. In Wahrheit hatte dies auf die Dauer aber den innerdeutschen Graben eher vertieft und zur Verselbstständigung der beiden Teile beigetragen.

In engem Zusammenhang damit stand der Weg zu einer Aussöhnung mit unseren ehemaligen Kriegsgegnern. Westdeutschland war hier durch Adenauer auf einen guten Weg gebracht worden, den Weg nach Westen. Das wichtigste Etappenziel hieß zunächst Frankreich. Dieses unser Nachbarland war ja bei Kriegsende von seinen angelsächsischen Kriegspartnern nicht wirklich zu den Siegern gezählt worden. Es suchte dringend nach einem Weg, mit seiner Stimme wieder in der Welt gehört zu werden, so wie früher. Für dieses Ziel war in Paris der Gedanke einer europäischen Union unter französischer Führung durchaus willkommen. Damit stimmte die Bonner Politik überein.

X

Nachbar Polen

Doch die nächste, die nun zentrale Aufgabe auf dem Weg zu einer Verständigung mit unseren Kriegsgegnern bestand in unseren künftigen Beziehungen zu Polen. Dies war die entscheidende Richtung. Ihr vor allem hatte unsere Ostdenkschrift gegolten. Es war nach meiner Auffassung unser zugleich schwerstes und wichtigstes Ziel. Deshalb soll jetzt zunächst ausführlicher von Polen die Rede sein.

Glücklich eine Nachbarschaft von Völkern, deren gemeinsame Geschichte sich langweilig liest. Jahrhundertelang hatte man die polnisch-deutschen Beziehungen so verstehen können, auch wenn es auf und ab gegangen war. Viele Deutsche hatten beim östlichen Nachbarn Brot und Glaubensfreiheit gefunden. Vom 16. bis zum 18. Jahrhundert war Polens Westgrenze seine ruhigste und friedlichste, weit entspannter als Polens Ostgrenzen.

Der Niedergang der Wahlmonarchie rief die angrenzenden Großmächte auf den Plan: Russland, Preußen, Österreich. Lange konkurrierten diese um Einfluss in Polen, dann entschieden sie sich für eine Aufteilung des Landes – auch an den eher großzügigen völkerrechtlichen Maßstäben des 18. Jahrhunderts gemessen ein Skandal.

Die moderne polnische Nation wuchs im Widerstand gegen die Fremdherrschaft. Das Königreich hatte sich kurz zuvor noch (1793) die erste geschriebene Verfassung Europas gegeben.

Wenig später jedoch wurde die Nationalbewegung der polnischen Patrioten zur Avantgarde der demokratischen Bewegung in ganz Europa. Heine lebte wie Chopin als Emigrant in Paris und sagte voller Bewunderung: «Wenn Vaterland das erste Wort der Polen ist, so ist Freiheit das zweite.» Dennoch war es zur neuen Entfremdung zwischen Deutschen und Polen gekommen.

Am Ende des Ersten Weltkrieges hatte Polen mit maßgebender Hilfe der USA nach 125 Jahren der Teilung seine volle Souveränität wiedererlangt. Doch nur zwanzig Jahre später, im August 1939, teilte der Hitler-Stalin-Pakt erneut das Land in zwei Hälften auf. Durch den deutschen Angriffskrieg wurde Polen das erste Opfer des Zweiten Weltkrieges. In der schwersten Phase seiner Geschichte wurde das Land verwüstet und weite Teile seiner Bevölkerung hingemordet. Im Kreis der Sieger erzwang Stalin neue polnische Grenzziehungen. Große Teile im Osten und Süden fielen an die Sowjetunion. Dafür wurde den Polen ein massiver Landausgleich zulasten der Deutschen zugesprochen. Die Westverschiebung Polens und Deutschlands sollte zu einer Art Zwangsanbindung der Polen an die Sowjetunion führen, weil nur diese die neue Oder-Neiße-Grenze garantieren konnte.

In der DDR machte man den Polen zunächst die Oder-Neiße-Grenze noch streitig. Moskau setzte jedoch in Ost-Berlin im Jahre 1950 den Görlitzer Vertrag zur formellen Anerkennung der neuen polnischen Westgrenze durch. Zu einer vertieften Freundschaft mit dem sozialistischen Bruderland kam es allerdings kaum. Die moskautreue, dogmatische DDR-Führung sah sich immer wieder vom angeblichen Revisionismus der polnischen Kommunisten bedroht und betrieb später gegenüber der Solidarność eine kaum geringere Abgrenzung als gegenüber dem Westen. In Warschau hieß es dagegen schon frühzeitig, die DDR läge nur geographisch westlich, politisch dagegen östlich von Polen. Den freiheitlich gesinnten Polen war Kommunismus ebenso ein Graus wie «Preußentum» – und nun die DDR, eine harmonische Verbindung beider Elemente? Das war und blieb zu viel für das Gemüt im östlichen Nachbarland.

In der Bundesrepublik war den Heimatvertriebenen so gut wie möglich mit einem Lastenausgleich materiell geholfen worden. Menschlich war dies die größere Leistung als das, was zu jener Zeit Wirtschaftswunder genannt wurde. Zugleich aber hatten die westdeutschen Parteien das Oder-Neiße-Thema immer wieder vor sich hergeschoben. Dazu hatten das Tübinger Memorandum und vor allem die Ostdenkschrift der EKD aufgerufen, die Heimatvertriebenen von der quälenden Illusion zu entlasten, dass doch vielleicht immer noch ein Friedensvertrag mit dem besiegten Angreifer Deutschland in Aussicht stehe, der die Chance der Rückkehr in die alte Heimat biete. Von der Sowjetunion ganz zu schweigen, hatten die westlichen Siegermächte solche Gedanken aber längst als völlig illusorisch abgelehnt.

Zu politischen Belastungen hat zwischen Deutschen und Polen nicht die Heimatliebe geführt, sondern deren politische Instrumentalisierung. Heute hat sich die Erkenntnis durchgesetzt, dass Regionen wie Schlesien, Pommern, Ostpreußen seit Generationen zur Heimat für Polen geworden sind. Von diesen bewahren viele die Erinnerung an Orte im früheren Ostpolen, aus denen sie ihrerseits vertrieben worden sind – zwar von sowjetischen Behörden, aber infolge des Krieges, für den Deutschland die Verantwortung trägt. Zum engen Geflecht der deutsch-polnischen Beziehungen haben nicht zuletzt die deutschen Vertriebenen beigetragen, die neue Verbindungen in ihre alten Heimatorte aufbauten. Auch drückende Erinnerungen können Menschen zusammenbringen.

Eine wichtige Stimme der Versöhnung damals kam aus Polen. Am Ende des zweiten Vatikanischen Konzils hatten die polnischen Bischöfe als Konzilsteilnehmer im Jahre 1965 eine Botschaft an ihre deutschen Amtsbrüder mit dem Kernsatz gesandt: «Wir vergeben und bitten um Vergebung.» Es war eine mutige Stimme, für die die polnischen Bischöfe von ihrer politischen Führung zu Hause scharf kritisiert wurden: Wofür sollen wir Polen denn die Deutschen um Vergebung bitten? hieß es in Warschau. Aber die deutschen katholischen Bischöfe dankten in ihrer Antwort nicht zuletzt mit Bezug auf das schwere Schicksal der Heimatvertriebenen.

Auf diesen Wegen kam es im Bonner Bundestag zur heftig umstrittenen und dennoch unumgänglich notwendigen neuen Ostpolitik. Inmitten des Streits und noch ohne klare Aussicht auf die notwendige Zustimmung des Bundestages unterzeichnete Kanzler Brandt namens der Bonner Regierung im Dezember 1970 den Warschauer Vertrag. Sein Inhalt war die Anerkennung der Oder-Neiße-Grenze. Es war der schmerzhafteste, die Empfindungen der Menschen am tiefsten bewegende Gang der politischen Führung. Im unmittelbaren Zusammenhang mit diesem Vertrag stand die aktive Vorbereitung der nächsten Schritte der Bundesrepublik zur Entspannungspolitik im Gesamtrahmen zwischen Ost und West.

Für mich endete so 1970 mein erstes Amtsjahr im Bonner Parlament mit dem Thema, das meine Bewerbung für mein erstes politisches Wahlamt entscheidend begründet hatte. Ich reiste im Herbst 1970 nach Polen. Meine Partei hatte ich unterrichtet, fuhr aber als Privatmann mit meiner Frau. In Warschau traf ich nicht nur mit Regierungsvertretern zusammen. Zum ebenso offenen wie vertraulichen Meinungsaustausch kam es auch mit der katholischen ZNAK-Gruppe im Parlament unter Führung von Tadeusz Mazowiecki und mit dem außerordentlich interessanten kommunistischen Journalisten Mieczysław Rakowski. Niemand hätte sich träumen lassen, dass beide einmal Ministerpräsident werden sollten – Rakowski als der letzte Vertreter des alten Systems, als einer der von Hans Magnus Enzensberger so titulierten «Helden des Rückzugs», Mazowiecki dagegen als der erste nichtkommunistische freigewählte Regierungschef. Auch den katholischen Primas des Landes, Kardinal Wyszynski, suchte ich auf, das ja auch unter kommunistischer Führung niemals seine katholische Identität verschwiegen hatte. Wir fuhren weiter nach Tschenstochau, dem bedeutenden Wallfahrtsort, und von dort nach Kreisau, dem früheren geheimen Gesprächszentrum des weit in die Zukunft denkenden Widerstandskreises um Helmuth James von Moltke und Peter Yorck von Wartenburg. Heute befindet sich dort eine Jugendbegegnungsstätte, die im deutsch-polnischen Austausch eine große und segensreiche Rolle spielt.

XI

Deutschlandpolitik und Entspannung

Als einem neuen Mitglied des Bundestages wurde mir 1969 die Aufgabe zuteil, als Obmann meiner Fraktion im «Ausschuss für gesamtdeutsche und Berliner Fragen» zu amtieren. Ich geriet sogleich in eine heftige Umbenennungsdebatte. Die neue sozialliberale Bundesregierung trat für eine Umbenennung in «Ausschuss für innerdeutsche Beziehungen» ein, die CDU/CSU-Fraktion hingegen für den bisherigen Namen. Mit meiner «Jungfernrede» im Plenum trat ich dem Namenswechsel entgegen, weil er auf eine indirekte Anerkennung der DDR hinauslaufen könne. Also «gesamtdeutsch»? Oder «innerdeutsch»? Für meine Rede wurde ich von der Regierungskoalition freundlich gelobt und alsbald überstimmt.

Auch das zuständige Bundesministerium für gesamtdeutsche Fragen wurde nun umgetauft. Zwar erzeugten die Umbenennungsdebatten keine folgenreichen Konsequenzen. Im Laufe der Zeit war schließlich einfach von deutsch-deutschen Beziehungen die Rede. Dennoch war die Arbeit im Ministerium von großer Bedeutung. Man kann es an den Namen der Amtschefs ablesen, von Jakob Kaiser über Rainer Barzel, der unter anderem den sogenannten Häftlingsfreikauf aus DDR-Zuchthäusern wohltuend einleitete, bis zu Herbert Wehner während der Großen Koalition 1966 bis 1969. Die entscheidenden innerdeutschen und ostpolitischen Verhandlungen und Verträge blieben freilich in der Hand des Kanzleramtes und des Auswärtigen Amtes.

Zu den Aufgaben des innerdeutschen Bundestagsausschusses zählte es, den alljährlichen «Bericht zur Lage der Nation» mit Regierungserklärung und Plenardebatte vorzubereiten. Regelmäßig litten die Aussprachen darunter, dass die wenigsten Bonner Parlamentarier über persönliche Erfahrungen und Eindrücke in der DDR verfügten. Die Folge war, dass wenig von der Lage der Ostdeutschen zur Sprache kam, dafür umso mehr vom jeweiligen westdeutschen parteipolitischen Streit über Gott und die Welt.

Den Höhepunkt erreichte diese Entwicklung einmal weit später, als im September 1982 Bundeskanzler Helmut Schmidt seinen Bericht zur Lage der Nation vortrug. Das Hohe Haus debattierte jedoch mitnichten über die Beziehungen zum anderen Teil Deutschlands, sondern praktisch ausschließlich über Schmidts sich abzeichnende Abwahl als Kanzler zugunsten des Oppositionsführers Helmut Kohl. Als Einziger musste ich pflichtgemäß diese Diskussion unterbrechen, indem ich als damaliger Regierender Bürgermeister von Berlin meinen alljährlichen Bericht über die DDR und Ost-Berlin vortrug, so wie wir sie in West-Berlin miterlebten. Da verließ Schmidt kurz die Regierungsbank und kam zu meinem Platz in der Bundesratsbank: «Wenigstens einer spricht hier zur Tagesordnung.» Aber natürlich konnte damals keiner von uns die überragende Bedeutung des bevorstehenden Kanzlerwechsels übersehen.

Lange zuvor, seit dem Winter 1969/1970, waren die entscheidenden schwerwiegenden Bonner Beschlüsse zur neuen

Ost- und Deutschlandpolitik gefasst worden. Sie wurden zu einem neuen zentralen Kapitel der deutschen Nachkriegsgeschichte. Sie verbinden sich mit dem Namen von Willy Brandt.

Wie schon zuvor in der Berliner Krise unmittelbar nach dem Mauerbau blieb sein wichtigster Mitarbeiter Egon Bahr auch jetzt die treibende Kraft zur Entspannungspolitik. Nach dem gleichen Prinzip, das Notwendige und Machbare anzustreben, ohne das Grundsätzliche preiszugeben, ging es ihm um die Arbeit an den Bonner Verträgen mit Moskau und Warschau, zusammen mit dem Grundlagenvertrag zwischen den beiden deutschen Staaten. Nach der Regierungsunterschrift unter den Warschauer Vertrag Ende 1970 stand nun die notwendige Ratifizierung aller Abmachungen durch den Bundestag an. Dies führte zu den erregtesten und wichtigsten Parlamentsdebatten in der Geschichte der alten Bundesrepublik.

Die Siegermächte des Zweiten Weltkrieges unterstützten die Entspannungspolitik der Bonner Regierung. Sie bewiesen es im Herbst 1971 mit ihrem Berliner Viermächteabkommen. Damit war ein Schlussstrich unter die seit der Berlinblockade 1948 immer neu aufgetretenen Streitigkeiten und Krisen über den Rechtsstatus der geteilten Stadt und über die Hoheitsrechte über die Zufahrtswege gezogen. Trotz mancherlei nachfolgender kleinerer Konflikte erwies sich dieses Abkommen als belastbar.

Im Bundestag war jedoch das Stimmenverhältnis zwischen Regierung und Opposition ausgeglichen. Die Gräben zwischen beiden waren tief. Kurz vor dem entscheidenden Abstimmungstermin brachte die Opposition einen Misstrauensantrag gegen Kanzler Brandt ein. Er verfehlte sein Ziel bekanntlich nur ganz knapp. Aber wie hätte es denn bei einem ande-

ren Ausgang weitergehen sollen? Die ausgehandelten Ostverträge trugen die Unterschrift der gewählten Bonner Regierung.
Alle anderen Länder hatten ihre Außenpolitik darauf einge-
stellt. Und nun Ablehnung durch das Bonner Parlament? Westdeutschland wäre unvermeidlich in eine außenpolitische Isolation geraten, in eine schwere Krise. Deshalb hatte ich mich
schon zuvor in der innerparteilichen Beratung deutlich gegen
eine Ablehnung ausgesprochen. Sie war nach meiner Überzeugung ein Fehler.

An den aufwühlenden Auseinandersetzungen im Bundestag und zumal innerhalb der Opposition nahm die Bevölkerung leidenschaftlichen Anteil. Wir gingen auf einem schmalen
Grat. Es galt, das Ziel des Grundgesetzes im Bezug auf Deutschland als Ganzes niemals aus den Augen zu verlieren.

Mit äußerster Mühe kam auf Betreiben der CDU/CSU eine
Entschließung zustande, der das ganze Haus zustimmte. Sie
stellte klar, dass eine endgültige Regelung der deutschen Frage
in einem Friedensvertrag noch ausstehe und die diesbezüg-
lichen Rechte der Vier Mächte durch die Verträge nicht be-
rührt würden.

Die Entschließung war noch deutlicher als der Brief, den
Brandt bei der Unterzeichnung des Moskauer Vertrags überge-
ben hatte. Schon dort war festgehalten worden, dass der Vertrag «nicht im Widerspruch zu dem Ziel der Bundesrepublik
(stehe), auf einen Frieden in Europa hinzuwirken, in dem das
deutsche Volk in freier Selbstbestimmung seine Einheit wiedererlangt.» Die Moskauer Regierung nahm die Entschließung
schließlich hin. Daraufhin stimmte der Bundestag den ausgehandelten Ostverträgen zu – mit äußerst knapper Mehrheit.

Es gab keinen anderen verantwortbaren Weg in die Zukunft als diese deutschen Beiträge zur Entspannungspolitik.

Die neue Bonner Ostpolitik war an ihrem ersten, zugleich schwersten und wichtigsten Ziel. Bei der nächsten nachfolgenden Bundestagswahl im Herbst 1972 wurde das Ergebnis deutlich zugunsten der Regierung Brandt bestätigt.

XII

Die Gipfelkonferenz von Helsinki 1975

Diesen deutschen «Vorleistungen» folgten nun internationale Schritte der Entspannung. Ost und West waren auf dem Anmarschweg zu einer Konferenz für Sicherheit und Zusammenarbeit in Europa.

Vor allem die Sowjetunion drängte in diese Richtung. Sie erwartete für sich davon eine internationale Anerkennung des von ihr erreichten und nun auch bilateral von Bonn akzeptierten Nachkriegs-Status quo. Erst nach einer zunächst durchaus zögernden Haltung ließen sich am Ende auch die USA auf den Plan ein. Nach langen Verhandlungen konnte 1975 die Gipfelkonferenz von Helsinki eröffnet werden. Dort wurden große Entscheidungen getroffen.

Es kam zu einer Bestätigung der sowjetischen Weltkriegsgewinne. Vereinbart wurden ein Gewaltverzicht und ein Kooperationsabkommen. Das waren die ersten beiden Konferenzergebnisse, die sogenannten «Körbe».

Ein dritter Korb aber handelte von Bürger- und Menschenrechten. Da ging es um Meinungsfreiheit, Informationsaustausch und Reiseerleichterungen. Das hatte sich Moskau so nicht vorgestellt, es wurde aber nicht zuletzt unter dem aktiven Einfluss neutraler Teilnehmerstaaten erreicht.

Diese Verabredungen hatten die Gestalt von Absichtserklärungen. Einklagbar waren sie nicht. Dennoch bildeten sie die Grundlage für die nun entstehenden Freiheitsbewegungen von Bürgern im Warschauer Pakt-Bereich. Hier wuchsen die Kräfte heran, von der Solidarność-Bewegung in Polen über die Charta 77 in Prag bis zu den ersten Dissidentengruppen in der DDR. So wurde der Gipfel von Helsinki zu einer Art Sprungbrett der Entspannungspolitik – unter wachsender Beteiligung freier Bürgerstimmen.

Die Summe dieser Vereinbarungen und ihre immer weiter wachsenden Folgen machten die Helsinki-Konferenz zu einem wahren historischen Wendepunkt.

Nur die CDU/CSU-Opposition im Bonner Bundestag konnte damals noch nicht ihre widerstrebende Haltung zur neuen Ostpolitik des Westens überwinden. Sie brachte einen Entschließungsantrag im Bundestag ein, mit dem die Regierung Schmidt aufgefordert wurde, die Schlussdokumente der Konferenz nicht zu unterzeichnen. Eine kleine Minderheit in der Fraktion versuchte, diesen Schritt zu verhindern. Auch mir war der Widerstand gegen Helsinki schlechthin unbegreiflich, was ich öffentlich äußerte. Der Antrag verlief sich dort, wo er hingehörte: im Sande.

35 Staats- und Regierungschefs hatten an der Konferenz teilgenommen. Das hatte einen großen Wert. Bundeskanzler Schmidt sprach mit dem polnischen Parteichef Edward Gierek. In unserem Verhältnis gab es noch immer schwierige offene Fragen. Für die deutsche Seite stand eine generelle Ausreiseerlaubnis für die in Polen lebenden Deutschen weit oben auf der Prioritätenliste. Polen wollte sich eine Zustimmung gut bezahlen lassen. Zwischen den beiden Politikern kam es zu einer hilfreichen vernünftigen Annäherung. Den Graben über-

brückte Gierek mit der aus leichter Hand hingeworfenen Bemerkung, er stamme aus Oberschlesien. «Wir Oberschlesier waren Polen, wenn es dem polnischen Volk gut ging. Wir waren Deutsche, wenn es euch gut ging.» Schmidt und Gierek verständigten sich in Helsinki über noch offene bilaterale Themen auf konstruktive Weise.

Schmidt begegnete in Helsinki auch Honecker. War das von Bedeutung für die neue Deutschlandpolitik? Wir hatten ja im Dezember 1972 den deutsch-deutschen «Grundlagenvertrag» geschlossen. In ihm war von gutnachbarschaftlichen Beziehungen und von der Unverletzbarkeit der deutsch-deutschen Grenze die Rede. Beide Staaten waren gleichberechtigt in die UNO aufgenommen worden. Die Hallstein-Doktrin war nun allseits vergessen. Nur das, was der Titel des Vertrages versprach, also ein Abkommen über die «Grundlagen», das war er nicht. Von Staat und Nation war nicht die Rede. Die offene deutsche Frage – war sie gelöst? Gab es sie überhaupt noch? Hatte man sie einfach wortlos übergangen, um alles andere nicht zu erschweren? Gleichviel, nun traf man sich eben in Helsinki, ohne dass weitere Anregungen oder Konflikte daraus erwuchsen.

Die politischen Grundrichtungen nach Helsinki waren nicht innerdeutsch, sondern international. In der atlantischen Allianz galt weiterhin die sogenannte «Harmel-Doktrin», nach dem vom damaligen belgischen Außenminister Pierre Harmel angeregten gleichnamigen Strategiepapier von 1967. Sie bedeutete den untrennbaren Zusammenhang zwischen eigener westlicher Sicherheit und Ost-West-Entspannung.

In Europa, nicht zuletzt auch in Westdeutschland war nun die Atmosphäre durch die Entspannungsaussicht geprägt. Es gab eine Friedensbewegung, die immer stärker wurde.

Als jedoch bald nach Helsinki neue sowjetische Bewaffnungsschritte erkennbar wurden, nämlich die Entwicklung mobiler Mittelstreckenraketen, kam es im Westen zu einer unvermeidlichen Reaktion. Dies waren also Raketen, die dank ihrer Reichweite Europa und Asien bedrohen konnten, nicht dagegen Amerika. Damit war eine Isolierung Europas, seine Herauslösung aus dem Schutz der amerikanischen Kernwaffen denkbar: ein neuer Versuch zur Erpressung Europas durch Moskau.

Bonn musste der Harmel-Doktrin treu bleiben, also Entspannung und Sicherheit zusammenhalten, was aber eben nur gemeinsam mit den USA erreichbar war. Unter der Initiative von Kanzler Schmidt und mit Unterstützung vor allem aus Paris wurde der zögernde amerikanische Präsident Jimmy Carter zur Einwilligung in den sogenannten NATO-Doppelbeschluss gebracht.

Der Beschluss bildete die Grundlage für jahrelange schwierige Verhandlungen. Es dauerte lange, bis dann 1987 die beiderseitige Abrüstung der Mittelstreckenwaffen vereinbart werden konnte. Das war es, was Schmidt hatte erreichen wollen, wofür er aber wegen des Widerspruchs der neuen Friedensbewegung und des Widerstandes aus der eigenen Partei das Kanzleramt hergeben musste. Es gab eben beides in Westdeutschland: Bereitschaft zur Verteidigung und zum Frieden. Eben dies nicht gegeneinander auszuspielen, sondern es fest miteinander zu verbinden: Darum ging es dem Kanzler. Er hatte Recht –, um den Preis seines Amtes. Helmut Kohl, der neue Kanzler, unterstützte die eingeleitete Sicherheitspolitik seines Vorgängers mit Nachdruck. Und Schmidt behielt auch «Außer Dienst» seine prägende, führende Stimme.

XIII

West-östliche Annäherungen

Die Konferenz von Helsinki mit ihren Ergebnissen brachte auch für das menschliche Lebensgefühl der Deutschen in Ost und West Entspannung und Annäherung. Erneut drückte sich dies in persönlichen Kontakten aus. Und wiederum spielten die Kirchen dabei eine zentrale Rolle. Die sachlichen Kontakte waren dafür ebenso bedeutungsvoll wie die menschliche Nähe. Dafür gab es unvergessliche Erfahrungen.

Mir ist die Begegnung mit dem Magdeburger Bischof Werner Krusche in lebhaftester Erinnerung, einem Mann voller Aktivität. Kindheit und Jugend hatte er im Erzgebirge und in Schlesien verbracht. Mit schweren Verwundungen kehrte er aus dem Krieg heim – aber heim wohin?

Nach notdürftiger Genesung bildete er sich in Leipzig und Heidelberg, in Göttingen und Basel zum Pfarrer aus. Und dann wurde er zum Einwanderer aus dem Westen in die DDR, nein, zum Rückwanderer in den Osten des geteilten Deutschland. Er verkörperte auf beispielgebende Weise die Zusammengehörigkeit. Er wurde Gemeindepfarrer in Dresden. Er leitete das sächsische Predigerseminar am Dreiländereck mit den polnischen und tschechischen Nachbarn. Er wurde Bischof in Magdeburg und der allseits hochgeach-

tete Leiter der Konferenz der Evangelischen Kirchen in der
DDR.

Mit der Kraft seiner inneren Stimme wurde er inmitten
einer von Ideologie und Politik bedrängten Gesellschaft zu
einer weiterführenden, prägenden Gestalt. Ohne jede Polemik
und zugleich mit kritischer Offenheit und großem Mut wirkte
er auf das Leben im DDR-Alltag ein, zum Beispiel im Konflikt
zwischen staatlicher Jugendweihe und Konfirmation oder bei
den Friedensbewegungen im Osten und im Westen. Sein We-
sen und seine Arbeit sind mir als besonders eindrucksvoll
aus ungezählten direkten Begegnungen in Erinnerung.

Es gab ja solche Verbindungen nicht nur zwischen Verwandten und alten Freunden. Es wurden auch neue Freundschaften geschlossen. Man konnte sie suchen und finden.
Mancher aus dem Westen konnte sich zum Beispiel über die
Kirchen oder beim Roten Kreuz Adressen von Ostdeutschen
besorgen, die er gar nicht kannte, mit denen er aber Brief- und
Päckchenkontakte aufnahm, in denen er sich – das erforderten
die Vorschriften – als (neuer) Verwandter auswies. Auf diese
Weise haben auch meine Frau und ich eine sächsische «Tante»
ausfindig gemacht; wir haben sie besucht und uns mit ihr und
ihrer Familie angefreundet.

Gewiss, es gab auch andere Beispiele, schwierige Beziehungen. Dennoch entwickelte sich aufs Ganze gesehen auf
dem Boden der Ost- und Deutschlandpolitik ein entkrampftes
und vielfach sich besserndes Beziehungsgeflecht.

Charakteristisch für eine solche Entwicklung war eine weitere kirchliche Denkschrift, die 1967 unter dem Titel «Frie-
densaufgaben der Deutschen» veröffentlicht wurde. Sie setzte
kräftige Akzente. Auch sie war, wie die bereits erwähnte Ostdenkschrift des Jahres 1965, in der Kammer für öffentliche

Verantwortung aus einer Zusammenarbeit von Autoren in beiden Teilen Deutschlands entstanden. Vor allem Erhard Eppler
und auch ich haben daran aktiv mitgewirkt. Sie war eine
Frucht der eingehenden Ost-West-Aussprachen miteinander.

Es war ein Text zur Friedenssicherung, die alle unsere
Nachbarn von uns West- und Ostdeutschen erwarteten. Einige
der Gedanken seien hier wiedergegeben. «Die Linie, die uns
heute trennt, folgt weder einer geographischen oder stammes-
mäßigen noch einer geschichtlichen Grenze. Sie ist willkürlich
gezogen und zerreißt menschliche, politische und wirtschaftliche Zusammenhänge. Darum lebt ja unter den Bürgern ein
natürliches Bewusstsein, zusammenzugehören. Es ist elementarer, es ist stärker als die Gegensätze, die die Folge der Zugehörigkeit zu grundverschiedenen Systemen gesellschaftlicher
und politischer Ordnung sind.

Lebendig bleibt das Verlangen nach ungehinderter Kommunikation auf allen Gebieten. Besuche, Jugendfahrten, wissenschaftlicher Kontakt, Austausch in der Kunst, im Sport,
kritisch-lebhafte Anteilnahme über Rundfunk und Fernsehen,
zumal von Ost nach West. Beide Teile verbindet das gemeinsame Erbe in Sprache und Dichtung, in Religion, Kunst und
Recht, in Wissenschaft und Philosophie.

Auch im Bewusstsein der anderen Völker gehören die
Deutschen zusammen. Es erfüllt die Nachbarn mit Sorge,
wenn zwei deutsche Regierungen sich befehden. Umso mehr
hoffen sie auf politische Lösungen, die die Deutschen in größere Zusammenhänge einbinden, ohne dass ihnen damit die
Identität eines zusammengehörigen Volkes geraubt würde.

Aus alledem folgt die Aufgabe und Chance für die Deutschen, gemeinsam zur Befriedung Europas beizutragen. Im
Zentrum unseres Kontinents gelegen, sind die Deutschen von

seiner Spaltung besonders betroffen. Daher hängt von der Kraft ihres Zusammenhalts und ihrer Einsicht am stärksten ab, wie sich die Spaltung Europas schrittweise überwinden lässt. Es gibt kein befriedetes Europa ohne ein befriedetes Deutschland.

Wir Deutsche können und wir sollten die Nöte und Chancen im jeweils anderen Teil nüchtern miterkennen, mitbedenken und mittragen. Dazu sollten wir alle Mittel der eigenen Orientierung durch Reisen, Kontakte und Information ausschöpfen, damit wir uns in die Lage versetzen, die Verhältnisse im anderen Teil vorurteilsfrei zu sehen und zu beurteilen.»

Solche Texte und Gedankengänge verbreiteten sich damals allmählich in den Medien. In meinem Rückblick auf jene Zeit behalten sie ihr starkes Gewicht. Für uns im Westen, die wir die innerdeutschen Verbindungen brauchten und suchten, blieben die Kirchen in der DDR weiterhin von unersetzlichem Wert. Denn trotz allem Druck und Einfluss, denen sie von Seiten der politisch-ideologischen Staatsführung ausgesetzt waren, blieben sie die einzigen staatsfreien und zugleich auch über die ganze DDR verteilten großen Einrichtungen. Damit waren sie für uns in Westdeutschland auch die zuverlässigste Informationsquelle über die Entwicklung der ostdeutschen Lebensverhältnisse, die Sorgen und Stimmungen der Menschen.

Die Amtskirchen in Ost- und Westdeutschland hatten während der ganzen Zeit der zwei Teilstaaten einen engen Kontakt untereinander. Diesen Zusammenhalt hielten sie nach Kräften aufrecht, gerade auch nach dem Mauerbau. Dies bewährte sich auf eine sonst nirgends in unseren Gesellschaften anzutreffende Weise bis in institutionelle Bereiche hinein. So konnte es auch bei kirchlichen Wahlen und anderen Entscheidungen voranhelfen. Oft gab es zeitgleich stattfindende Sitzungen der Synoden, also der kirchlichen Parlamente, mit angeglichenen Tagesordnungspunkten, die zur selben Zeit in Weissensee in Ost-Berlin und im Spandauer Johannesstift in West-Berlin abgehalten wurden. Es gab erfahrene Kirchenräte, die wussten, wie man es machte, um an der Mauer nicht zurückgewiesen zu werden. Sie reisten während der Sitzungen hin und her und informierten die jeweils andere Seite über den Gang der Beratungen. So konnten sie in Weißensee die Zustimmung für Spandau und umgekehrt einholen. Dies führte bei Bedarf trotz Mauer auch zu gemeinsamen Beschlüssen. Bei meiner Wahl ins Kirchentagspräsidium 1964 habe ich es auch erlebt.

Zweifellos hat dies die politische Teilung nicht überwunden. Dennoch hat es zum lebendigen Zusammenhalt beigetragen. Wo gab es trotz Mauer und Stacheldraht vergleichbare Kontakte?

Gemeinsame Kirchentage konnten wir seit längerer Zeit nicht mehr veranstalten. Stattdessen gab es die Möglichkeit, vom Westen aus regionale Kirchentage in der DDR zu besuchen. Im Lutherjahr 1983 wurde ich zu dem zentralen ostdeutschen Kirchentag nach Wittenberg eingeladen. Getreu dem Motto der Friedensdekade «Schwerter zu Pflugscharen» handelte Friedrich Schorlemmer als Gastgeber. Symbolisch ließ er öffentlich ein Schwert in eine Pflugschar umschmieden. In der großen Stadtkirche von Wittenberg diskutierten wir beide miteinander in voller Öffentlichkeit und Offenheit über die schweren Gefahren der neuen Aufrüstung durch Mittelstreckenraketen, die SS20 aus der Sowjetunion und die Installierung amerikanischer Gegenwaffen. Nirgendwo sonst gab es damals in der DDR eine laut hörbare Stimme eines Ostbürgers, mit der die Moskauer Raketenaufrüstung öffentlich kritisiert wurde – und zugleich die Rüstungspolitik des Westens.

Damals war ich Regierender Bürgermeister von Berlin. Es wurde vorbereitet und genehmigt, dass ich als eingereister West-Gast und westlicher Amtsträger eine öffentliche Ansprache halten konnte. Auf dem zentralen Marktplatz hielt ich vor zehntausend Bürgern eine gesamtdeutsche Rede. «Wir leben hüben und drüben unter verschiedenen Bedingungen, gesellschaftlichen Systemen und persönlichen Spielräumen. Wir respektieren dies selbstverständlich so, dass keiner dem anderen einen unangemessenen Rat geben will. Aber wir sind hüben und drüben Deutsche, wenn auch in zwei Staaten! Uns verbindet mehr als Sprache und Kultur und die Haftung für unsere Geschichte. Die wesentlichen Ziele stellen sich uns gemeinsam. ... Es fängt beim Einfachsten an: Wir atmen die gleiche Luft; sie macht an Grenzen nicht halt. Sie reinzuhalten ist unser gemeinsames Interesse. ... Der Frieden, um den wir uns sorgen und bemühen, ist nicht teilbar zwischen Ost und West. ... Armut und Hunger lindern, Gerechtigkeit in der Welt fördern, ist unsere gemeinsame Verantwortung in der Industriegesellschaft. ... Wir haben diesen Wittenberger Kirchentag mit der lebhaftesten Anteilnahme miterlebt und mitgefeiert ... wir haben hier weit mehr empfangen als mitgebracht.» Unter der mutigen Führung von Friedrich Schorlemmer wurde der Wittenberger Kirchentag ein unüberhörbares Zeichen heranwachsender bürgerschaftlicher Stimmen, wichtig für die Zusammengehörigkeit zwischen Ost und West.

Mir hatte der damalige ostdeutsche Konsistorialpräsident Manfred Stolpe bei den politischen DDR-Instanzen die Möglichkeit für die Rede in Wittenberg geschaffen. So etwas hatte es zuvor kaum je gegeben: dass ein westdeutscher Amtsträger

*Als Regierender Bürgermeister von Berlin (West) und Gastredner
auf dem Marktplatz von Wittenberg, 1983.*

öffentlich in einem DDR-Stadtzentrum reden durfte. Über meine Reise war zuvor im Politbüro der SED beraten worden. Stolpe, von 1990 bis 2002 Ministerpräsident des Landes Brandenburg, hat sich in der ganzen Zeit bis zum Mauerfall immer wieder große Verdienste erworben. Ihm verdankten wir oft die besten notwendigen internen Informationen und die Chance zu willkommenen hilfreichen Begegnungen innerhalb der Kirchen und darüber hinaus, bis tief in die Politik hinein.

Später, nach 1989, ist Stolpe auch kritisiert worden. Es hieß dann, er habe nicht nur der Kirche, sondern auch der politischen Führung in der DDR gedient. Er habe auf zwei Schultern getragen. Solche Vorwürfe habe ich immer als ebenso kenntnislos wie infam empfunden. Stolpe war es, der uns «drüben» Türen öffnete. Dazu musste er mit den Instanzen des SED-Staates Kontakte haben. Er war es, der damit den Ost-Kirchenleitungen die «schmutzige» Arbeit abnahm. Dafür schulden wir ihm Dank. Er war für die West-Ost-Zusammenarbeit unentbehrlich.

Auch mit der katholischen Kirche in der DDR gab es ermutigende gesamtdeutsche Verbindungen. Dabei hatte ich einmal auch ein heiteres Erlebnis. Der Weltkirchenrat in Genf – der weltweite ökumenische Zusammenschluss aller nichtkatholischen christlichen Kirchen – hatte an seiner Spitze einen kleinen Exekutivausschuss, dem ich zeitweilig angehörte. Eines seiner Mitglieder war ein evangelischer Bischof aus der DDR. Aus mir unbekannten Gründen wurde nun dieser Ausschuss vom Präsidenten der DDR-Volkskammer zu einer Begegnung nach Ostdeutschland eingeladen. Auf dem Empfang traf ich Kardinal Bengsch, den aus Berlin-Neukölln stammenden Vorsitzenden der katholischen ostdeutschen Bischofskonferenz. Ich fragte ihn: «Was machen Sie denn hier auf einem SED-staat-

lichen Empfang zu Ehren der ‹Ketzer› vom ökumenischen Kir-
chenrat?» Seine Antwort lautete: «Ich muss mich doch umse-
hen, wie es hier zugeht. Meine Verantwortung bedeutet, dafür
zu sorgen, dass meine Kirche die doppelte Diaspora gegenüber den Kommunisten und euch Ketzern die nächsten zwei-
hundert Jahre überlebt.» Er sagte es mit ernsthaft gutem Hu-
mor.

Hier gilt es einen weiteren Rückblick zu tun. Viele Jahre zuvor, am 17. Juni 1953 hatte es den ersten großen öffentlichen
Bevölkerungsprotest im Warschauer Pakt-Bereich gegeben,
und zwar in der DDR. Berliner Arbeiter, die die Stalinallee
bauen sollten, begannen zu streiken. Ihre Forderungen breite-
ten sich mit größter Geschwindigkeit auch auf andere ostdeutsche Industriestandorte aus. Auch wenn vor allem soziale
Forderungen laut wurden, gab es alsbald auch das Verlangen
nach Abschaffung der Zonengrenze und nach freien und geheimen Wahlen. Sowjetische Panzer wurden zur Unterdrückung eingesetzt.

Nachhaltig behielten diese unüberhörbaren Stimmen aus
der DDR ihre Wirkung im Ostblock, über Ungarn 1956, den
Prager Frühling 1968 und später die prägende Solidarność-
Bewegung in Polen bis zu den Bürgerstimmen in der DDR der
achtziger Jahre.

In Westdeutschland wurde der 17. Juni gesetzlicher Feiertag. Er bestimmte alljährlich zu diesem Datum die Tagesordnung des Bundestages. In ihrem Zentrum standen Sprecher
aus dem In- und Ausland und aus allen Berufen wie auch aus
den politischen Parteien. Im Laufe der Zeit traten die kon-
kreten Erfahrungen des 17. Juni 1953 selbst stärker in den Hintergrund. Es blieb bei unterschiedlichen Einschätzungen, ob

es mehr um Einheit unter den Deutschen oder primär um Freiheit ging. Auch wurde das Datum in nicht geringem Maß durch die westdeutsche Bevölkerung einfach als allgemein arbeitsfreier Tag genutzt. Es blieb aber bei den Bundestagssitzungen am 17. Juni.

Besonders wichtig wurde jedoch eine wegweisene Rede, die Erhard Eppler im Juni 1989 hielt, also knapp fünf Monate vor dem Fall der Mauer. Sie hinterließ allseits tiefen Eindruck. Er forderte dazu auf, den Tag gerade nicht primär international zu verstehen, wie es immer mehr üblich geworden war. Vielmehr sprach er mit überzeugenden Berichten und Gedanken über das immer lebendiger gewordene Zusammengehörigkeitsgefühl in beiden deutschen Staaten – «in der DDR stärker als in dieser Republik». Er sprach von der deutschen Einheit als der immer spürbarer «wachsenden Gemeinsamkeit im Tun». Wir alle wussten im Juni 1989 ja nicht, was im November geschehen würde. Eppler aber war den Bewegungen und Stimmungen in Deutschland nahe, näher als viele unter uns, auch schon zuvor als besonders aktives Mitglied der von mir schon mehrfach erwähnten Kammer für öffentliche Verantwortung.

XIV

Eine Welt in Bewegung: Neue Freunde im Osten

Die polnische Solidarność-Bewegung war Ende der siebziger Jahre sprunghaft herangewachsen. 1980 hatte sie die Zulassung freier Gewerkschaften durchsetzen können. Aus Sorge vor den Folgen hatte die polnische kommunistische Führung 1981 in Polen das Kriegsrecht verhängt. Unter Protestierenden kam es zu Todesopfern. Ob es zuvor erkennbare drohende Anzeichen für ein sowjetisches militärisches Eingreifen gegeben hatte, also wie schon 1953, 1956 und 1968 in Ost-Berlin, Budapest und Prag, blieb ungewiss. Jedenfalls hatte der polnische General Jaruzelski mit der Verhängung des Kriegsrechts schwere Verantwortung auf sich geladen. Nach meinem Eindruck motivierte ihn aber nicht der Machthunger eines Diktators. Er war beides: führender polnischer Kommunist *und* polnischer Patriot.

Wie sollte der Westen auf das Kriegsrecht reagieren? Die Lage und Rolle der Solidarność-Bewegung war von außen oft schwer zu erkennen. Die Bundesregierung durfte den Kontakt mit der für das Kriegsrecht verantwortlichen politischen Führung nicht einfach abbrechen, gerade auch um der Menschen und des Friedens willen. Aber die Devise der damals zu Hause verfolgten polnischen Opposition, die uns Władysław

Bartoszewski später nahe gebracht hat, war entscheidend: Ohne Freiheit kein Frieden.

Es gab im polnischen Parlament auch die aktive katholische ZNAK-Gruppe. Einer ihrer führenden Köpfe war der bereits erwähnte Tadeusz Mazowiecki. Mit ihm hatte ich mich schon angefreundet, als er uns in den frühen siebziger Jahren in Bonn mehrfach besuchte und jeweils hervorragend informierte. Das war eine besonders wertvolle Hilfe für uns damals im Zuge des Streites über die Ostverträge. Er war ein vertrauter Berater von Karol Wojtyla, dem späteren polnischen Papst Johannes Paul II., und eine führende Persönlichkeit im Zuge der Solidarność-Bewegung. Wie bereits erwähnt, wurde er 1989 noch vor dem Fall der Berliner Mauer zum ersten nichtkommunistischen Regierungschef im gesamten Ostblock gewählt.

Auch während des polnischen Kriegsrechts gab es höchst lebendige Beziehungen zwischen katholischen Kirchengemeinden in Polen und Westdeutschland. Da konnte man immer wieder deutsche Lastwagen nach Polen fahren sehen, beladen mit Medikamenten und raren Lebensmitteln, oben am Steuer Pfarrer als Chauffeure, die wahrlich keine Lenkerfahrung mit solchen Brummern hatten.

In Prag war es Václav Havel, der mit der Charta 77 eine große moralische und geistige Kraft entwickelte. Mit ihm korrespondierte ich während der achtziger Jahre. Eine seiner Schriften nannte er «Versuch, in der Wahrheit zu leben». Dies ist ein Buch über Freiheit und Gewissen ohnegleichen. Immer wieder wurde er inhaftiert. Als ihm 1989 der Friedenspreis des deutschen Buchhandels in Frankfurt am Main zugesprochen wurde, schrieb er mir einen unvergesslichen Brief: Man habe ihm gesagt, er könne nur dann nach Frankfurt reisen,

Mit dem tschechischen Außenminister
Jiří Dienstbier, Bundesaußenminister Hans-Dietrich Genscher
und meinem Freund Václav Havel, 1990.

wenn er gleich draußen bleibe. Ihm gehe es aber um die Entwicklung zu Hause. Von dort aus suche er Versöhnung mit den Deutschen. Die Vertreibung der Deutschen nach dem Krieg aus seinem Land sei zutiefst unmoralisch gewesen. Damit hätten seine Landsleute sich selbst schweren moralischen Schaden zugefügt, indem sie die Untaten übernommen hätten, die ihnen zuvor von uns Deutschen zugefügt worden seien. Das solle ich zu Hause vorlesen, während er dafür in der Prager Haft bleiben wolle. Wenige Wochen später wurde er Staatsoberhaupt in seinem Land.

Vier Tage nach seiner Wahl machte er bei uns in Deutschland eine Art Antrittsbesuch. Auf dem Münchner Flughafen entstieg er einer kleinen Militärmaschine. Der Pilot, ein Prager Oberstleutnant, kam hinterher und sagte leise zu mir: «Da geht er, unser neuer Oberbefehlshaber, dieser Soldat Schwejk!» Nein, ein Soldat war Havel gewiß nicht, aber ein wahrer Patriot. Er war ein Vorbild auf dem Weg in die Freiheit, für die er viele Jahre lang gekämpft hatte, für eine Freiheit, die nun vor allem Verantwortung bedeutete. Solche Persönlichkeiten haben wahrhaft ermutigenden Einfluss auf uns in ganz Europa und zumal im geteilten Deutschland gehabt.

Wir in Westdeutschland und West-Berlin hatten mit unseren jeweiligen ostdeutschen Gegenüber allmählich zunehmende Gesprächskontakte. Als Bürgermeister in West-Berlin machte ich mich auf den Weg, Erich Honecker in Ost-Berlin zu besuchen. Dagegen gab es in Bonn einen teilweise ziemlich heftigen Widerstand. Aber warum sollte ich den Versuch unterlassen, Fortschritte für Berliner Bürger anzustreben? Es ging ja hier nicht um Glaubenskriege zwischen Ost und West. Wir bildeten uns gewiss nicht ein, von West-Berlin aus die Bonner Ostpolitik zu steuern oder vorwärts treiben zu kön-

Im Gespräch mit dem Staatsratsvorsitzenden Erich Honecker
in Ost-Berlin, 1983.

nen. Helfen wollten wir, so gut es ging. Für uns in der Stadt kam es ganz einfach zuerst auf weitere und wichtige neue innerstädtische Reiseerleichterungen an. Die Berliner Vertretung unserer amerikanischen Schutzmacht stimmte meinem Besuchsplan sehr nachdrücklich zu.

Im Ost-Berliner Schloss Niederschönhausen in Pankow traf ich mit Honecker zusammen. Hier hatte einst die Frau von Friedrich dem Großen ein isoliertes Leben führen müssen. Nach der Gründung der DDR nutzte Wilhelm Pieck das Haus als Residenz des Präsidenten. Bei dieser meiner ersten Begegnung mit Honecker kam es zu einigen Verbesserungen für Reise- und Besuchsregeln. Die Gesprächsatmosphäre war korrekt und trocken. Der Gastgeber vermittelte alles andere als einen kurzweiligen Eindruck.

XV

Gorbatschow

Die Bonner Deutschlandpolitik orientierte sich an der Groß-
wetterlage zwischen Ost und West. In den USA war seit 1980
Präsident Ronald Reagan am Ruder. Er wollte sich nicht mit
dem NATO-Doppelbeschluss begnügen. Er wollte mehr. Kei-
nesfalls sollte Amerika durch ein beiderseitiges Mittelstre-
ckenraketenprogramm in Europa unterlaufen und ausgeschal-
tet werden. Reagan griff zur «Strategic Defense Initiative» (SDI),
zum Plan der «Star Wars». Das sollte den Amerikanern die
Möglichkeit sichern, einen atomaren Krieg zu führen. In Washington war vom «Totrüsten» der Sowjetunion die Rede.

Im Zeichen dieser neuen gefährlichen Spannung kam die
Wendung aus Moskau. Sowjetische Rüstungsanstrengungen
waren dort immer schärfer zu Lasten der ökonomischen Leis-
tungskraft gegangen. Der russische Krieg in Afghanistan war
längst zum Desaster geworden. Am Ende der Ära von Breschnew und seinen unmittelbaren Nachfolgern wurde 1985
Michail Gorbatschow Generalsekretär der KPdSU. Er kündigte
die Breschnew-Doktrin auf. Er suchte nach Wegen zu einer
beiderseitigen massiven Abrüstung und begann mit einseitigen russischen Vorleistungen. Auf einem Schiff vor der islän-
dischen Hauptstadt Reykjavik traf er 1987 mit Reagan zusam-

men und überzeugte ihn von der Notwendigkeit beiderseitiger Abrüstungsschritte. Das war ein ganz unerwarteter und zugleich entscheidender Erfolg für alle Seiten im Kalten Krieg.

Zu Hause engagierte sich Gorbatschow für ein großes Reformprogramm unter den Stichworten «Perestroika» und «Glasnost». Durch Schritte der Öffnung nach innen und außen sollte das Sowjetsystem weltweit wettbewerbsfähig werden.

Zugleich verspürte Gorbatschow bei den von der Sowjetunion beherrschten Völkern eine deutlich wachsende elementare Stimmung, die nach mehr Unabhängigkeit und Freiheit rief. Nicht er hatte sie ermutigt. Jedoch folgte er seiner Einsicht in den Weg der Geschichte. Deshalb hatte er den Weg zur Abrüstung gesucht. Daraus ergab sich seine Marschroute, es bei den wachsenden Freiheitsbestrebungen innerhalb des Ostblocks zu keinem Blutvergießen kommen zu lassen. Er empfand es als seine Verantwortung, dem unaufhaltsamen Anwachsen der Kräfte zur nationalen Selbstbestimmung nicht mehr mit Waffengewalt entgegenzutreten.

Sein Land hat ihm seine Führung auf diesen Wegen nie gedankt. Aber es war Gorbatschow, der dem vierzigjährigen Kalten Krieg zu einem unblutigen, gewaltfreien Ende verhalf. Auf seine Anweisung blieben die in den Warschauer-Pakt-Staaten stationierten sowjetischen Truppen im entscheidenden Moment jeweils in ihren Kasernen. Friedliche Demonstrationen einer werdenden Bürgergesellschaft wurden damals nicht mehr verhindert.

Gorbatschow ist also auch in dieser Hinsicht in Vorleistung getreten. Uns hat er die Aufgabe hinterlassen, uns immer von Neuem um ein Verständnis der Geschichte zu bemühen und verantwortlich wahrzunehmen, was sie uns abverlangt und ermöglicht.

Die Atmosphäre veränderte sich in den achtziger Jahren.
Überall in Europa wirkte sie sich aus. Es kamen offenere, frei-
heitlichere Stimmen zur Geltung. Erneut ging von der polnischen Solidarność-Bewegung eine treibende Kraft aus. Die
ungarische Parteiführung zeigte wieder liberale Neigungen.
Von Prag bis Dresden und Leipzig ertönten bürgerschaftliche
Stimmen.

In der westdeutschen Bevölkerung stieg das Ansehen der
neuen sowjetischen Führung immer höher. Die ersten «Gorbi-
Gorbi»-Rufe waren zu hören.

Ein neu angestrebter Kontakt zwischen Bonn und Moskau
schien zunächst gescheitert zu sein, nachdem Bundeskanzler
Kohl in einem amerikanischen Magazin unsere Verbündeten
unserer unverminderten Treue und Freundschaft versicherte
– das war seine Verantwortung und damit hatte er recht – und
dann aber als eine Art Beruhigungspille hinzufügte, man solle
sich über Gorbatschow, dessen Tonart zuweilen mit der von
Goebbels zu vergleichen sei, nicht beunruhigen. Das wurde
in Moskau übelgenommen. So durfte es nun nicht bleiben.
Unter diesen Umständen kam es im Sommer 1987 zu meiner
Reise in die Sowjetunion, dem ersten westdeutschen Staatsbe-
such in Moskau, dessen Verlauf am Anfang dieses Buchs geschildert ist.

Wenig später erhielt Honecker aus Moskau endlich die von
ihm langersehnte Zustimmung zu einem Besuch in Bonn.
Kohl empfing ihn mit DDR-Hymne und Flagge. Honecker
fühlte sich an seinem Ziel. «Die Teilung hat sich vollendet», so
hieß es im Ost-Berliner «Neuen Deutschland». In Wahrheit
aber förderte Honeckers Besuch den Zusammenhalt in
Deutschland mehr als die Zweistaatlichkeit. Für die Finanzierung der langfristigen DDR-Wirtschaftspläne gab es westdeut-

sche Kredite, nicht zuletzt vermittelt von Franz Josef Strauß aus München. Nach der abschließenden Bonner Pressekonferenz von Honecker ließ sich auch der sowjetische Botschafter Kwizinskij vernehmen. Seine interne Einschätzung lautete, nun habe die DDR den goldenen Angelhaken geschluckt, von dem sie nicht mehr loskommen werde.

Während sich in vielen Ostblockländern schon Anfang 1989 klimatische Veränderungen mehr oder minder deutlich zeigten, bemühte sich die DDR-Staatsführung weiterhin intensiv darum, den Eindruck ungebrochener Systemstabilität zu vermitteln, insbesondere auch vor dem Hintergrund des im Herbst des Jahres anstehenden 40. Staatsgründungsjubiläums. Dies zeigte sich vor allem in der Bedeutung, die innerparteilich den im Mai abzuhaltenden Kommunalwahlen zugemessen wurde. Überwältigende Zustimmung für die Kandidatenliste der Nationalen Front sollte der SED in dieser Situation als Legitimation dienen.

Dem entgegen stand ein schon einige Monate vor dem Wahltermin wachsendes Engagement verschiedener, vor allem kirchlicher Gruppen, diesen Anlass zur Einforderung der auch nach DDR-Recht garantierten Bürgerbeteiligungs- und Wahlbeobachtungsrechte zu nutzen. Explizit wurden die Menschen aufgerufen, am Wahltag ihre Nichtzustimmung durch Fernbleiben von den Urnen oder tatsächliche Nein-Stimmen zu artikulieren, statt nur brav den Wahlzettel, der ja keine wirklichen Wahlmöglichkeiten bot, zu «falten».

Dann fanden sich in den Wahllokalen vielerorts Menschen ein, die ihr Recht zur Kontrolle der Wahlabläufe und der Auszählung nutzen wollten. Ihre Berichte und Beschwerden zeigten überdeutlich, dass das offiziell verkündete Ergebnis von 98,85 Prozent Zustimmung falsch war. Da die staatlichen

Wahlbehörden auf Beschwerden nicht oder unzureichend reagierten, kam es bald zu immer mehr Protesten zum Beispiel in Form von Strafanzeigen wegen Wahlfälschung oder zu kleinen öffentlichen Demonstrationszügen. Der Staat reagierte wie üblich mit Verhaftungen und Schikanen.

Wichtig waren die Ereignisse um die Kommunalwahl vom 7. Mai vor allem, weil sie zusammen mit der Empörung der Bürger über den Beifall der DDR-Führung für die blutige Niederschlagung der chinesischen Studentenproteste auf dem Pekinger Platz des Himmlischen Friedens im Juni dazu beitrugen, dass die Kritik am System nun aus den kleinen Oppositionsgruppen heraus in größere Kreise der Bürgerschaft übergriff.

XVI

Ein Aufbruch der Bürger:
Ostdeutschland 1989

Keiner von uns konnte damals konkrete Chancen mit Wegen
und Zeiträumen für eine Vereinigung vorhersagen. Dennoch
ging die Entwicklung innerhalb und außerhalb der DDR immer schneller voran. Die Zahl der Ausreisen aus Ostdeutschland stieg unaufhörlich an. Im Frühling begann Ungarn mit
dem Abbau von Grenzanlagen in Richtung Österreich. Zugleich spielten die Berliner Philharmoniker nun erstmals seit
dem Mauerbau in Ost-Berlin.

Am 27. Juni durchschnitten die Außenminister Gyula Horn
und Alois Mock den Grenzdraht zwischen Ungarn und Österreich. Für Tausende von Ausreisewilligen öffnete sich der
Weg. Andere suchten die Botschaften in Prag und in Warschau
auf, die bald wegen völliger Überfüllung geschlossen werden
mussten. In Polen stellte das Rote Kreuz Unterkünfte zur Ver-
fügung. Die Regierung Mazowiecki lehnte es ab, die Menschen
an die DDR auszuliefern. Die Spannung wuchs, bis Außenminister Genscher selbst den Botschaftsflüchtlingen von Prag
die ausbedungene, die große befreiende Ausreisebewilligung
überbrachte. Dafür hatte auch der Ost-Berliner Rechtsanwalt
Wolfgang Vogel hilfreich vorgearbeitet. Er ist damals und spä-

ter wegen seiner engen Kontakte zu Honecker oft kritisiert worden. Aber die vielen Menschen, denen er zum Weg in die Freiheit geholfen hat, sind anderer Meinung. Sie bleiben ihm dankbar – zu Recht.

Im September verabschiedete die Bürgerbewegung «Neues Forum» ihren Gründungsaufruf. Später entstanden der «Demokratische Aufbruch», «Demokratie jetzt» und die SDP, die Sozialdemokratische Partei in der DDR.

Wie schon zuvor während der jahrzehntelangen Spaltung waren es vor allem christliche Gemeinden und Kirchen, die den Weg vorangingen. Seit Ende der siebziger Jahre wurden Friedensgebete abgehalten. Zahlreiche Städte beteiligten sich. Große Teile der Besucher der Friedensgebete waren Nichtchristen. Die Organisation lag bei kirchlichen Basisgruppen, deren Arbeit überdies auch innerhalb der Kirchen nicht immer unumstritten war.

Es kam zu den ersten friedlichen Montagsdemonstrationen in Leipzig und anderen Städten. Für die Einstimmung der Teilnehmer wurde in Kirchen eingeladen. Offen für alle, gaben sie vielen Menschen und Gruppen den Raum, den sie sonst nicht hatten. Unter äußerem Druck fanden sie den Geist der Gewissheit, der Friedfertigkeit, der Gewaltlosigkeit, um sich in der Öffentlichkeit ruhig zu erheben und durchzusetzen. Courage wies den Weg in die Freiheit.

In der Nikolaikirche in Leipzig initiierte Pfarrer Christian Führer seit dem September 1982 jeweils montags die Friedensandachten. Nach dem Gottesdienstbesuch diskutierten Teilnehmer und begannen, sich zu einzelnen kleinen Demonstrationszügen auf die Straße zu begeben, gelegentlich zugunsten von Ausreiseerleichterungen und anderen Forderungen.

Seit dem Frühjahr 1989 wuchs die Teilnehmerzahl stark an. Am 2. Oktober 1989 zählte die Nikolaikirche bereits über 2000 Besucher, während Tausende von Bürgern noch auf der Straße standen.

In diese hochturbulente Zeit fiel der 40. Jahrestag der DDR, zu dem Gorbatschow am 7. Oktober nach Ost-Berlin kam. Während die offiziellen Aufmärsche stattfanden, demonstrierten zugleich Menschen in Ost-Berlin und anderen Städten. «Wir sind das Volk», riefen sie, «keine Gewalt». Ihre Ruhe war ihre Stärke.

In diesen Tagen gab es Berichte über den bevorstehenden Einsatz von Betriebskampfgruppen, von der Konzentration von Armeeverbänden rings um die wichtigsten Orte des Protestes und von entsprechenden Notfallmobilisierungen der Krankenhäuser. Demgegenüber folgten verschiedene Aufrufe zur Gewaltlosigkeit von unterschiedlichen Gruppen. An einem dieser Appelle wirkten Kurt Masur, aber auch drei Mitglieder der Leipziger SED-Bezirksleitung durch ihre Unterschrift mit.

Die Lage wurde immer brenzliger. Und dann kamen am 9. Oktober in Leipzig 70 000 Bürger, um am Friedensmarsch teilzunehmen. Sie demonstrierten voller Mut für eine freiheitliche Verwandlung der DDR. Das Land hielt den Atem an. Trotz ausdrücklicher Anforderung durch die Sicherheitskräfte der DDR blieben sowjetische Streitkräfte auf Befehl aus Moskau in ihren Quartieren. Dieser 9. Oktober 1989 wurde zum entscheidenden Durchbruch für die friedliche Revolution. Sie war mit Gewalt nicht mehr zu unterdrücken.

Mitte Oktober wurde Honecker gestürzt. Egon Krenz wurde sein Nachfolger. Am 4. November fanden sich auf dem Berliner Alexanderplatz eine halbe Million Menschen zu einer freien Kundgebung zusammen, die im DDR-Fernsehen live und in voller Länge übertragen wurde. Künstler hatten zu dieser Demonstration aufgerufen. Vor allem Schriftsteller redeten, unter ihnen Stefan Heym und Christa Wolf, die vier Tage später im Ost-Fernsehen einen Aufruf verlas, in dem alle Bürger ermahnt wurden, im Land zu bleiben. Denn alle sollten am demokratischen Aufbau der DDR mitwirken.

XVII

Die Mauer fällt

Im Namen des am Vortag neu gewählten Politbüros der SED gab dessen Mitglied Günter Schabowski am Abend des 9. November bekannt, dass «Privatreisen nach dem Ausland» unverzüglich erlaubt würden. Das Durcheinander war komplett. Hunderte von Ost-Berlinern drängten zum innerstädtischen Übergang nach Westen auf der Bornholmer Straße. Der kommandierende Grenzoffizier hatte dort keine Order von oben erhalten. Er war auf sich selbst gestellt. Inmitten des Durcheinanders handelte er aus eigener Einsicht voller menschlicher Verantwortung und unterließ jede Gewalt. Die Bürger passierten.

Das System hatte seine Handlungskraft eingebüßt. Die staatlichen Instanzen waren zu einer geordneten Herrschaft außerstande. So waren es die Bürger, die die Mauer überwunden haben, die Bürger im Osten. Sie waren die Hauptakteure in diesen unvergesslichen, dramatischen Wochen. Sie haben die Mauer von Osten her eingedrückt. Das wird keiner je vergessen, je umdeuten. Ihnen ist die entscheidende Kraft zu verdanken, die den Kalten Krieg auf deutschem Boden zu seinem Ende führte. An sie denke ich zuerst und heute erst recht erneut in unserer Geschichte des Weges zur Einheit.

Der Fall der Mauer war ein Ereignis auf deutschem Boden, an dem die ganze Welt in einem Maß Anteil nahm, wie wir es zuvor nie erlebt hatten. Zuerst gab es unübersehbar viele und gute Signale der Mitfreude. «When the wall came down», das wurde aber auch bald ein globales Stichwort, das Auskunft darüber gab, wie stark andere Länder und Kontinente Auswirkungen auf ihre eigene Region empfanden. Der indische Ministerpräsident Rajiv Gandhi sagte mir einmal, hier habe es einen Sieg von Freiheitswillen und friedlicher Vernunft gegeben, der einen tiefen und heilenden Einfluss auch auf sein eigenes Land mit seiner schweren Geschichte ausübe.

Wole Soyinka, der Freiheitskämpfer aus Nigeria und erste afrikanische Literaturnobelpreisträger, nannte Berlin die Quelle seiner eigenen Hoffnungen für sein Land und für ganz Afrika im unsäglich harten und langen Prozess der Entkolonialisierung.

Doch zurück in unser turbulentes Berlin. Am Freitag, den 10. November, fand eine zentrale Kundgebung vor dem Schöneberger Rathaus statt. Der Regierende Bürgermeister Walter Momper rief aus: «Wir Deutschen sind heute das glücklichste Volk der Welt». Bundeskanzler Kohl kam von seinen Warschauer Amtsgesprächen sofort herbeigeflogen. Und Willy Brandt prägte das alsbald geflügelte Wort, das seine menschlichen und politischen Empfindungen widerspiegelte: «Jetzt wächst zusammen, was zusammen gehört: das gilt für Europa im Ganzen.»

Am folgenden Sonntag war die West-Berliner Gedächtniskirche überfüllt mit Menschen aus Ost und West. Bischof Martin Kruse leitete den Gottesdienst. Er bat mich, am Ende noch kurz zu sprechen. Es wurde eine Mischung aus Willkommensgruß und Laienandacht anhand des mir bei Kirchentagen ans

Herz gewachsenen Pauluswortes aus seinem Brief an die Galater: «So bestehet nun in der Freiheit ...». Mir ging es mit diesen Worten vor allem auch um uns im Westen. Wir selbst sollten uns weit öffnen, statt drüben mit der Tür ins Haus zu fallen und allein von unseren Erfahrungen und Maßstäben zu reden. Freiheit heißt Verantwortung und damit Solidarität. Wer sich vereinigen will, muss sich verstehen. Und er muss teilen lernen.

Die Nacht vom 9. zum 10. November war ohne jede Gewalt verlaufen, aber im unausweichlichen Durcheinander. Gab es Regeln? Wohin konnte man gehen? Wie lange? Gab es Schwierigkeiten beim Rückweg? Jeder versuchte auf seine Weise, sich Klarheit zu verschaffen. So ging es auch mir in diesen Tagen. Ich konnte der Versuchung nicht widerstehen, selbst eine Erkundung zu unternehmen.

Nach dem Gottesdienst ging ich zum Potsdamer Platz in der Stadtmitte, wo soeben ein Grenzübergang eröffnet worden war. Von seiner Westseite aus überquerte ich allein die menschenleere, unbebaute große Fläche des Platzes in Richtung auf die Baracke der Grenzpolizei am Ostrand. Es war zu sehen, dass man mich durch Ferngläser beäugte. Als ich bis auf einige Meter herangekommen war, öffnete sich die Tür. Heraus trat ein Oberstleutnant, ging auf mich zu, machte eine Ehrenbezeugung, wie ich sie selbst als Potsdamer Rekrut vor dem Krieg nie korrekter gelernt hatte, und sagte: «Herr Bundespräsident, ich melde: keine besonderen Vorkommnisse.» Wir gaben uns die Hand. Das war für mich ein unvorstellbarer persönlicher Vollzug der deutschen Vereinigung.

Anschließend fuhr ich mit Walter Momper zur Glienicker Brücke, die wir überquerten. Sie liegt am Südwestzipfel von West-

«Herr Bundespräsident, ich melde, keine besonderen Vorkommnisse.»
Ein Offizier der Nationalen Volksarmee salutiert am 13. November mitten
in Berlin vor mir, als wäre es das Normalste der Welt.

Berlin und bietet den einzigen Straßenübergang über die Ha-
velseen nach Potsdam. Fast ein halbes Jahrhundert lang hatte
sie uns in West-Berlin eingesperrt. Nur für den Austausch von
Spionen zwischen Ost und West hatte sie sich ab und an geöff-
net. «Brücke der Einheit», diesen Namen hat sie wie zum Hohn
so lange getragen.

Schon wenige Tage nach der Maueröffnung hieß es auf ostdeutschen Demonstrationen nicht allein nur «Wir sind das
Volk», sondern bald auch «Wir sind e i n Volk». Neue Grup-
pierungen und Parteien entstanden, mit unterschiedlichen
Zielen. Noch spielte die Möglichkeit einer Wiedervereinigung
keine beherrschende Rolle. Im Vordergrund stand die Reform
zu Hause, die Befreiung von Ideologie und Diktatur des SED-
Staates, des Systems und der Macht der Staatssicherheit.

Während Gorbatschow in der Sowjetunion Reformen von
oben zu verordnen suchte, war es in Polen die Solidarność-
Bewegung, die schon Anfang 1989 durch Druck von unten die
Gespräche und Verhandlungen am Runden Tisch durchsetzte.
Auch in der DDR kam es nun zu den Runden Tischen. Die
beiden christlichen Kirchen versammelten sich mit verschiedenen Gruppen und Parteien zu einem Gespräch Anfang Dezember in Berlin. Dies wurde bald unter ihrem Vorsitz zu einer ständigen Einrichtung. Bereits bei der ersten Zusammen-
kunft hatte es eine Mehrheitsentscheidung für ein Datum zu
freien Wahlen für die Volkskammer gegeben, den 6. Mai 1990.
Später wurde der Termin vorverlegt auf den 18. März.

In derselben Zeit wuchsen öffentliche Unordnung und
Wirtschaftsprobleme ständig. Die Ausreisewelle ebbte nicht
ab. Sie bestand vor allem aus jüngeren Menschen. Einerseits
war die Mahnung von Christa Wolf nicht verklungen, man
solle in der DDR bleiben. Am Goethe-Schiller-Denkmal vor

*Auf den Montagsdemonstrationen wurde nach der Maueröffnung der Ruf
nach Wiedervereinigung rasch immer lauter.*

dem Weimarer Nationaltheater stand ein großes Plakat mit der Aufschrift «Wir bleiben hier». Andererseits aber war nun immer häufiger zu hören: «Kommt die D-Mark, bleiben wir. Kommt sie nicht, geh'n wir zu ihr.» Jetzt war die Grenze offen. Wie lange konnte nun die deutsche Frage offenbleiben?

Unmittelbar nach dem Fall der Mauer war es zunächst zur zentralen Aufgabe der Bonner Regierung geworden, ihre Linie nicht nur nach innen vorzugeben, sondern auch nach außen zu finden. In den ersten Tagen informierte Kohl die Spitzen der drei westalliierten Mächte. Jeder hatte eine andere Erwartung im Blick auf die Zukunft. Es war unbezweifelbar primär Sache der Deutschen, ob es nun bald einen Weg zur Wiedervereinigung geben solle. Zugleich verbreitete eine solche Aussicht aber auch Unruhe in Europa. Großbritannien und Frankreich mussten aufgrund der Vier-Mächte-Verantwortung für Deutschland und Berlin als Ganzes auf ihren Mitentscheidungsrechten bestehen, gemeinsam mit den USA und der Sowjetunion. Aber auch andere europäische Mächte mussten sich nun für den Fall einer deutschen Wiedervereinigung mit der Perspektive des durch Bevölkerungszahl und Wirtschaftskraft wohl stärksten, in der Mitte des Kontinents gelegenen Landes konfrontiert sehen. Die Amerikaner reagierten umgehend positiv unter der Bedingung, dass ein Vereinigungsweg nicht zu einem neutralisierten Deutschland führen dürfe.

Auf klare und maßvolle Weise ergriff nun Kohl am 28. November im Bundestag mit einem Zehn-Punkte-Plan die Initiative. Im Text war von konföderativen Strukturen zwischen beiden Staaten in Deutschland die Rede, zugleich vom politischen Ziel der staatlichen Einheit Deutschlands. Wiederum gab es zunächst ein zwiespältiges Echo. So hatte Kohl selbst den französischen Präsidenten Mitterrand nicht vorab orientiert, obwohl er drei Tage zuvor bei einem privaten Abend mit ihm zusammengewesen war. Der amerikanische Außenminister reagierte positiv, monierte aber den fehlenden Bezug zur Oder-Neiße-Grenze Polens bei den Zehn Punkten, ein Thema, das weithin vermisst wurde. Auch ich hatte das schon vergeblich im Text gesucht und Horst Teltschik, Kohls engsten außenpolitischen Berater, danach gefragt, als er mir den Zehn-Punkte-Plan unmittelbar vor seiner Bekanntgabe überbrachte. Im Ganzen aber war es die ausschlaggebende Rede von Helmut Kohl auf seinem klaren Weg zum Kanzler der deutschen Einheit.

XVIII

Unterwegs zur Einheit:
Deutsche Innenpolitik 1989/90

Die Entwicklung zu Hause nahm ihren Lauf. Kohl traf sich kurz vor Weihnachten in Dresden mit Hans Modrow. Dieser hatte schon am 8. November das Amt des Ministerpräsidenten der DDR übernommen. Er war ein persönlich integrer Mann mit Reformneigungen und zugleich in einer für ihn kaum zu bewältigenden Lage. Schon auf dem Flugplatz war Kohl mit lauten «Deutschland»- und «Helmut»-Rufen empfangen worden. Später hielt er vor der Ruine der Dresdner Frauenkirche eine freie Ansprache, für die die vielen tausend Bürger wiederum mit «Deutschland, Deutschland» Rufen dankten. Der Weg in die Zukunft zeichnete sich eindeutig ab.

Am 18. März 1990 kam es zu den ersten und damit zugleich letzten freien Wahlen für die Volkskammer der DDR. Klarer Sieger war die «Allianz für Deutschland» unter Führung der CDU. Die SPD war nicht zuletzt auch in ihren alten traditionellen Hochburgen zurückgefallen. Die PDS, die umbenannte Nachfolgerin der SED, war abgeschlagen.

Zunächst hieß es, die neue Volkskammer stelle eine Mischung von Wendehälsen und Laienspielern dar. Wirklich? Die kurze Arbeitszeit dieser Volkskammer entwickelte sich zu

einem der besten Kapitel in der ganzen deutschen Parlaments-
geschichte. Politiker wie Richard Schröder, Lothar de Maizière oder Reinhard Höppner haben Erstaunliches vollbracht.
Mehrfach habe ich bei den Sitzungen der Volkskammer zuge-
hört. Die schwierigsten Probleme galt es zu bearbeiten, Entscheidungen von großer Tragweite zu treffen. Dabei fehlte fast
allen Mitgliedern eine Parlamentsroutine. Sie waren nicht in
den unsäglichen Raufereien zwischen den Fraktionen ausge-
bildet oder darin, wie Richard Schröder es ausdrückte, «von
anderen ständig das Schlimmste zu erwarten oder gar zu erhoffen, damit das eigene Weltbild stimmt». Die mehrmonatige
Arbeit dieser freigewählten Volkskammer zeigte, wie gut eine
parteipolitische Parlamentsdemokratie funktionieren kann.

Wir alle lernten, was vierzig Jahre Teilung bedeuten. Es ist
eine lange Zeit, die weit mehr als eine Generation umfasst. Sie
beeinflusst die Gesellschaft im Ganzen. Die Menschen im Osten lebten in einem vorgegebenen, geregelten System. Es nahm
ihnen viele Lebensentscheidungen ab. Die Bürger im Osten
wussten zugleich weit mehr über den Westen als umgekehrt.

Der Westen hatte sich weitgehend mit sich selbst beschäftigt. Über den Osten gab es oft eine Vorherrschaft von Pau-
schalurteilen: Unrechtsstaat, Stasidiktatur, Mauer, Stacheldraht, olympische Goldmedaillen. Das alles hat es ja gegeben.
Aber daraus durfte und konnte nun keine Deutungshoheit des
Westens über das menschliche Leben im Osten werden. Es
gab eben auch ein richtiges Leben im falschen System, ein
starkes Gefühl von mitmenschlichem Anstand im Umgang untereinander, eine Übereinstimmung beim Urteil über Recht
und Unrecht im persönlichen Verhalten.

Die beiden deutschen Regierungen Kohl und de Maizière
mussten nun gemeinsam die deutschen Hausaufgaben lösen.

Es war harte Arbeit und vollzog sich nicht von heute auf morgen. Im Fernsehen der DDR sagte ich: «Wir sind eine Nation, und was zusammen gehört, wird zusammenwachsen. Aber es muss eben zusammenwachsen, nicht zusammenwuchern. Wir brauchen die Zeit.»

Schwierig genug war zunächst eine vordringliche Währungsumstellung. Entgegen der ausdrücklichen Empfehlung des Zentralbankrates, aber aufgrund der klaren ostdeutschen Erwartungen erfolgte sie im Verhältnis eins zu eins. Bis heute gibt es Streit, ob diese Währungsentscheidung falsch oder richtig war. Am Ende landen wir freilich doch nur bei der immer neuen Erfahrung und Einsicht: Sie war unvermeidlich.

Welche Folgen sie auslöste, ließ sich bei jedem Besuch im Osten erleben. Sehr bald nach der Währungsreform fuhr ich bei einer meiner wöchentlichen Reisen in die östlichen Bundesländer nach Stralsund. Dort war eine Werft der größte, besonders leistungsfähige und wichtigste Betrieb. Als Zuhörer nahm ich an einer Besprechung aller verantwortlichen Stellen teil. Dazu gehörten die Unternehmensführung, der Betriebsrat, die Gewerkschaften, der Arbeitgeberverband, der Bürgermeister und der Landesminister. Der Umstellungskurs hatte die Lebenshaltungskosten deutlich erhöht. Die Werft musste also entsprechende Löhne bezahlen. Sie hatte gute Produkte und Lieferverträge. Ihre Kunden aber gehörten ausnahmslos zum Ostblock und verfügten also nicht über die harte Währung, die die Werft benötigte, um die erforderlichen Hartwährungslöhne bezahlen zu können.

Mir hat die ganze Sitzung einen starken Eindruck gemacht, weil alle Teilnehmer in völliger Gemeinsamkeit nach Lösungen suchten. Einzelne Überbrückungsmaßnahmen konnten vereinbart werden. Aber das strukturelle, durch die Währungsreform ausgelöste Problem ließ sich erst weit später lösen, als nämlich die Qualität der Produkte und die Erfahrung der Belegschaft neue Eigentümer mit eigenen Kunden aus harten Währungsgebieten nach Stralsund zogen.

Aufs Ganze gesehen waren die Folgen der Währungsreform zunächst ein harter Schlag für große Teile des Arbeitsmarktes und der Beschäftigung. Doch noch einmal: Waren solche Folgen wirklich vermeidbar? Hätte man viel Zeit gehabt, wäre es leichter gewesen, den sachverständigen Ratschlägen in Richtung auf eine allmähliche, «sanftere» Währungsreform zu folgen. Aber es gab gute Gründe, sich auf einen solchen Zeitrahmen nicht zu verlassen. Das zentrale Ziel war doch die Vereinigung selbst. Dazu war die internationale Zustimmung entscheidend, das heißt eine Sowjetunion unter der Führung von Gorbatschow. Doch dieser musste sich 1990 zu Hause einer Wahl stellen, mit unsicherem Ausgang. Daher war für uns in Deutschland Eile geboten, gerade auch bei der Währungsumstellung. Einmal mehr hat es Richard Schröder auf den Punkt gebracht: «Lieber mit einer ruinierten Wirtschaft in die Einheit als mit einer fast ruinierten weiter im Sowjetblock.»

Es bedurfte der Regelung von Eigentumsfragen, wozu die verstaatlichten Unternehmen in der ostdeutschen Wirtschaft, das Prinzip «Rückgabe vor Entschädigung» und die Fragen nach Rücknahme der frühzeitigen Enteignungen durch die Bodenreform zählten. Der Rechtsfriede musste gewahrt werden. Eine «Anstalt zur treuhänderischen Verwaltung des Volkseigentums» entstand, die Treuhand-Anstalt. Mit allem gab es Lösungsversuche wie auch herbe Enttäuschungen angesichts weitreichender Unlösbarkeiten.

Unterwegs zum deutsch-deutschen Einigungsvertrag war auch die notwendige Einbeziehung Berlins schon deshalb

schwierig, weil der Status der Stadt das nach wie vor sicht-
bare Relikt des Besatzungsregimes war. Die ostdeutsche Regierung hatte frühzeitig ihre klare Erwartung geäußert, man
solle sich bereits im Einigungsvertrag auf Berlin als Hauptstadt
verständigen. Der westdeutsche Verhandlungsführer, Innen-
minister Wolfgang Schäuble, empfahl dagegen, den Themen-
katalog zu beschränken. Es sollten nicht schon jetzt neue un-
nötige Hürden aufgebaut werden. Man solle das spätere gesamtdeutsche Parlament zur Regelung der wichtigen Entschei-
dungsfragen nicht übergehen. In diesem Zusammenhang erklärte er, dass die Entscheidung über die Hauptstadt diesem
gemeinsamen Parlament vorzubehalten sei. Allenfalls könne
man dafür eine Frist setzen.

Ob die Hauptstadtfrage bereits im Einigungsvertrag ihre
endgültige Antwort finden müsse, beunruhigte mich zunächst
deshalb wenig, weil ich meinerseits zu keinem Zeitpunkt ernsthaft daran gezweifelt hatte, dass Berlin wieder Hauptstadt
werden würde. Ich hatte dabei aber die Heftigkeit unter-
schätzt, mit der damals im öffentlichen Diskurs und quer
durch die Parteien in Bonn darüber gestritten wurde.

Meinerseits dachte ich sowohl an die geschichtliche Rolle
Berlins in Deutschland als auch insbesondere an seine Wirkung während der ganzen Nachkriegszeit.

Die ganze Geschichte Berlins war stets von Weltoffenheit
geprägt. Es gab unzählige Zuwanderer aus Frankreich und
Böhmen, aus Schlesien und den östlichen Provinzen, aus Polen. Verfolgte hatten hier eine neue Heimat gefunden.

Geliebt wurde die Stadt außerhalb Preußens freilich wenig. Auch die preußischen Reformer machten Berlin nicht zur
politischen Zentrale in Deutschland, jedoch zu einem Mittelpunkt des geistigen Aufbruchs. Die Brüder Humboldt, Hegel

und Fichte, Schleiermacher und Ranke stärkten das Ansehen der Stadt. Berlin wurde zu einem Zentrum der Wissenschaft und eine der größten europäischen Industriestädte.

Es waren nicht die Berliner Bürger, die aus ihrer Stadt vom Jahr 1933 an den Machtmittelpunkt der nationalsozialistischen Herrschaft und damit den Ausgangspunkt für Weltkrieg und Holocaust gemacht hatten. Noch bis tief in das Jahr 1933 hinein waren Hitlers Wahlergebnisse in kaum einem anderen Teil Deutschlands so schlecht wie in Berlin. Auch der Aufstand gegen Hitler, für den wir die Männer und Frauen des 20. Juli ehren, ist eng mit Berlin verbunden.

Wenige Tage nach der deutschen Kapitulation am Ende des Zweiten Weltkrieges hieß es in der «New York Times», Berlin solle nun das Schicksal Karthagos erleiden, es sei dem Erdboden gleich zu machen, nicht einmal Ruinen dürften übrigbleiben, es solle vergessen werden.

1948 wollte Stalin den freien Teil der Stadt isolieren und vereinnahmen. Er erreichte das Gegenteil. Die Blockade West-Berlins wurde für das westliche Bündnis zu einem historisch und menschlich entscheidenden Erlebnis. Die Hilfsbereitschaft der Westmächte zur Beendigung der Blockade war überwältigend. Es war das Erlebnis eines gemeinsamen Standhaltens für Freiheit und Demokratie. Das Freundschaftsverhältnis mit den Amerikanern wurde in den Tagen der Berliner Luftbrücke für uns Deutsche begründet.

Berlin blieb für die Deutschen das Unterpfand der Einheit. Allein aufgrund ihrer Existenz sorgte die Stadt dafür, das Bewusstsein für die deutsche Frage lebendig zu halten. Wie hätte denn ein Weg zur Vereinigung ohne die Existenz und Lebensbedingungen West-Berlins ausgesehen?

Nun aber waren wir unterwegs zur Wiedervereinigung.

Ohne Zweifel gab es ernsthafte Argumente bei Gegnern einer neuen Hauptstadtfunktion für Berlin. Bonn hatte sich in der alten Bundesrepublik als politisches Zentrum bewährt. Von Bonn aus war vierzig Jahre lang politische Zuverlässigkeit ausgegangen. Mit dem Namen dieser Stadt verband sich ein gutes Kapitel deutscher Geschichte. Warum daran für die Zukunft nicht anknüpfen?

Dennoch blieb ich bei meiner festen Überzeugung, dass Berlin wieder Hauptstadt werden solle. Ich teilte keine der Sorgen, dass der traditionelle deutsche Föderalismus bei einer Rückkehr vom Rhein an die Spree vernachlässigt werden würde. Unser Föderalismus hat die Vergangenheit gestaltet und bleibt in der Gegenwart und Zukunft prägend für das Lebensgefühl der Deutschen. Daran kann, will und wird Berlin als Hauptstadt nichts verändern.

Ohne dass ich als Bundespräsident gemäß der Verfassung eine entsprechende Stimme besaß, sprach ich mich alsbald öffentlich in der Hauptstadtfrage mit vollem Nachdruck aus. Dabei sagte ich: «Nur in Berlin kommen wir wirklich aus beiden Teilen und sind doch eins. ... In Berlin haben wir, wie nirgends sonst, erfahren, was die Teilung bedeutet. Von Berlin aus erkennen wir, wie nirgends sonst, was die Vereinigung von uns erfordert. Hier ist der Platz für die politisch verantwortliche Führung Deutschlands, nun erst recht in der kommenden Zeit.»

Erst ein Jahr später, 1991, entschied sich dann der Bundestag nach einer leidenschaftlichen Debatte mit knapper Mehrheit für Berlin. Dabei hatten sich ein Katholik aus Bayern – Hans-Jochen Vogel – und ein Protestant aus Baden – Wolfgang Schäuble – mit ausschlaggebender Leidenschaft für Berlin eingesetzt.

Naturgemäß hatte ich mit meinen Worten auch Widerspruch geerntet. Manches hatte dabei seine heiteren Seiten. Es gab zum Beispiel einen Wirt in Bonn, bei dem Politiker oft und gern eingekehrt waren. Dieser Wirt brachte nun ein Schild draußen an seiner Tür an: «In diesem Lokal ist die Familie Weizsäcker nicht willkommen.» Da ich das Lokal vorher ohnehin nie besucht hatte, erzeugte das Verbot keine allzu schweren Folgen. Nach dem Umzug eröffnete der Wirt dann alsbald am Schiffbauerdamm in Berlin ein Restaurant, dem er den Namen «Ständige Vertretung» gab. Dort verkehrten nun am Abend alle diejenigen, die in Berlin noch nicht recht heimisch geworden waren – und das waren zunächst ziemlich viele. Der Wirt machte bessere Geschäfte, als er jemals in Bonn gemacht hatte. Da ging ich eines Tages zu ihm und sagte: «Wollen Sie mich jetzt nicht auch an Ihrem guten neuen Berliner Geschäft beteiligen?» Im Übrigen wissen wir ja auch, dass Bonn nach dem Hauptstadtwechsel durchaus nicht untergegangen ist, im Gegenteil: Es ist eine höchst lebendige Stadt mit unverändert guten Lebensbedingungen für die Bürger.

Ich selbst habe aus meiner Zuneigung für Berlin auch später nie einen Hehl gemacht. Hier begann mein bewusstes Leben. Hierher bin ich an meinem Lebensabend zurückgekehrt. Das Schicksal der Stadt habe ich in der ersten deutschen Republik und unter der Diktatur, im Zeichen der Teilung und in den Tagen der Vereinigung geteilt, als Regierender Bürgermeister und als Bundespräsident. Mehr als achtzig Jahre sind es heute her, dass unsere Familie 1927 nach Berlin zog. Mich verbinden mit dieser Stadt seither wunderbare Freundschaften und menschliche Tragödien, historische Katastrophen und Sternstunden deutscher Geschichte, Gegensätze unvorstellbaren Ausmaßes.

Doch zurück in das Jahr 1990. Eine andere, wahrhaft nicht weniger wichtige Frage als die nach der Hauptstadt betraf die Verfassung. Im Artikel 146, dem letzten des alten Grundgesetzes, war noch von der Möglichkeit eines Verfassungsbeschlusses des deutschen Volkes in freier Entscheidung die Rede. War nun der Einigungsvertrag der Ort, darauf jetzt zuzumarschieren? Dies hätte die historisch, politisch und menschlich große Chance geboten, die Bevölkerung selbst und direkt um ihr Votum zum ganzen Vereinigungsvorgang zu bitten. Viele haben es aus höchst verständlichen Gründen schmerzlich empfunden, dass hierzu vor allem für die Bevölkerung in Ostdeutschland keine Gelegenheit gefunden oder vielleicht überhaupt nicht ernsthaft genug gesucht worden war.

Die Vereinigung kam nicht nach Artikel 146 zustande, sondern nach Artikel 23, also als eine Vereinigung durch «Beitritt». Das war hart. Schließlich einigten sich beide deutschen Regierungen aber auf diesen Weg. Es waren die Verfassungsrechtler, die ihn für unumgänglich hielten. Eine gemeinsame Verfassungskommission arbeitete die notwendigen Empfehlungen für das Grundgesetz nach der Vereinigung aus. So blieb der Bevölkerung für ihr Votum zum Einigungsvertrag erst eine Stimmabgabe bei der nächsten, gemeinsamen Bundestagswahl.

XIX

Unterwegs zur Einheit: Weltpolitik 1989/90

Der Einigungsvertrag der beiden deutschen Regierungen kam im Spätsommer 1990 zustande. Er war für die entscheidenden außenpolitischen Schritte zur Vereinigung notwendig. Diese waren aber schon lange zuvor eingeleitet worden, in den Zwei-plus-Vier-Verhandlungen.

Die Voraussetzungen der vier Siegermächte dafür waren unterschiedlich. Unter den westeuropäischen Stimmen kam es für uns vor allem auf Frankreich an. Präsident Mitterrand war sich dessen wohl bewusst, dass sein Land mit der deutschen Einheit seine Vorrangstellung als eine der Siegermächte einbüßen würde. Zugleich musste mit einem europäischen Übergewicht der Deutschen durch Zahl und Wirtschaftskraft gerechnet werden. Noch Wochen nach dem Mauerfall war Mitterrand zu einem schon früher zugesagten Besuch in die DDR gekommen. Als er mit mir darüber sprach, zeigte sich, dass er sich keine Illusionen machte. In seinen Augen war der Prozess der Vereinigung nicht aufzuhalten.

Er zählte auf die notwendige Zustimmung der Vier Mächte und setzte sich dabei für ein europäisch erträgliches Einigungsergebnis ein. Es war jedoch durchaus kein Versuch, die

Einheit zu verhindern. Intensiv hatte er sich lebenslang mit der Kraft der Geschichte befasst. Immer von neuem hatte er mit mir vom «Buch der Geschichte» gesprochen. Und so sagte er 1990: «Die Vereinigung Deutschlands ist im Buch der Geschichte eingeschrieben.»

Mit Nachdruck unterstützte ihn der Präsident der Europäischen Kommission Jacques Delors, vor allem für die unverzichtbare Zusammengehörigkeit der deutschen Einheit mit der Einbindung der Deutschen in Europa. Auch später wirkte Delors vorbildlich für die europäische Mitwirkung ostdeutscher Bundesländer.

Großbritannien stand unter Führung von Margaret Thatcher, die aus ihrer Distanz zu uns Deutschen selten einen Hehl gemacht hatte. Noch auf einem europäischen Gipfel Anfang Dezember 1989 schien sie auf Chancen für eine Verhinderung der deutschen Einheit zu hoffen. Am Ende hatte ihr Land am Prozess der Vereinigungskonferenz dann aber keinen wirklich maßgeblichen Einfluss. Auch auf diesem Weg zeigte sich die relative, wenn auch schwankende Distanz des Vereinigten Königreichs zur Europäischen Gemeinschaft.

Washington hatte sich an der Vorbereitung des Zwei-plus-Vier-Musters für die außenpolitische Zustimmung zu einer deutschen Vereinigung frühzeitig und sachlich führend beteiligt. Dort war die Zehn-Punkte-Rede von Kohl als ein klarer und erfolgreicher Zugriff mit dem ebenso behutsam wie eindeutig benannten Ziel der deutschen Einheit verstanden und bejaht worden. Die amerikanische Regierung stand ihrerseits von vornherein voll hinter dem Ziel der Vereinigung Deutschlands bei dessen westlicher Einbindung.

Mit Nachdruck hatte Genscher Vorverhandlungen für das Muster der Konferenz geführt. Die beiden deutschen Staaten mussten als volle Konferenzmitglieder beteiligt werden, nicht schon, wie früher einmal, quasi am Nebentisch als vorgeladene Zeugen der Hauptmächte.

Die entscheidende Hilfe der Amerikaner für unser Ziel bestand in ihrer Einflussnahme auf das Votum der Sowjetunion. Denn es war klar, dass Erfolg oder Scheitern der Verhandlungen in erster Linie von Moskau abhingen.

Gorbatschow hatte wahrscheinlich ziemlich rasch die Überzeugung gewonnen, dass eine Annäherung und Vereinigung der beiden deutschen Staaten schließlich nicht aufzuhalten sein werde. Zugleich wollte er eine Eingliederung des vereinigten Deutschland in die NATO mit Vehemenz verhindern. Entgegenstehende Absichten bezeichnete er bei einem Gespräch mit dem britischen Außenminister Douglas Hurd im April 1990 als «unannehmbar».

Später sprach er selbst mit dem amerikanischen Präsidenten, mit Außenminister James Baker und dem Sicherheitsberater Brent Scowcroft. Bei diesen Verhandlungen verstand er die amerikanische Position wie folgt: Einerseits dürfe Deutschland nicht in eine neutrale Position zwischen Ost und West entlassen werden. Andererseits solle und dürfe es nur deshalb in die NATO aufgenommen werden, weil ja die beiden Bündnisse NATO und Warschauer Pakt im Übrigen unverändert bestehen bleiben würden. Unter dieser Prämisse ließ sich Gorbatschow schließlich auf die amerikanische Haltung ein.

Eine solche Argumentationslage zwischen den USA und der Sowjetunion ist aus heutiger Sicht nicht leicht zu begreifen. Wie konnte damals irgendeine der Seiten ernsthaft von der Prämisse ausgehen, dass jetzt am Ende des Kalten Krieges, bei einer deutschen Vereinigung und damit bei einer entschei-

dend nachlassenden sowjetischen Vorherrschaft der Warschauer Pakt unverändert zusammenhalten würde? Wir alle
waren ja nicht überrascht, dass die nichtrussischen War-
schauer-Pakt-Mitglieder viel rascher den Anschluss an die
NATO suchten als an die Europäische Union.

Wie dem auch sei, Gorbatschow vertritt seine Erinnerungen an die damaligen Gespräche in Washington unverändert bis in die Gegenwart. Er gab sie noch, fast zwanzig Jahre
später, im Herbst 2008 in Moskau ausdrücklich wieder, als er
dort im Deutschen Historischen Institut mit mir öffentlich darüber diskutierte.

1990 jedenfalls endeten die beiden entscheidenden Verhandlungen über die Einheit erfolgreich für uns Deutsche:
Der Einigungsvertrag zwischen beiden deutschen Staaten
wurde am 31. August 1990 unterzeichnet. Das Hauptverdienst
daran kommt dem damaligen Bundesinnenminister Wolfgang
Schäuble zu. Und die Zwei-plus-Vier-Gespräche gelangten unter maßgeblichem Einfluss von Hans-Dietrich Genscher zu
einem glücklichen Abschluß. Der 3. Oktober wurde als Tag
der Vereinigung festgelegt.

XX

Nachbar Russland

Ohne die lange und wechselvolle Geschichte der russisch-deutschen Beziehungen lässt sich die Haltung Moskaus bei den Zwei-plus-Vier-Verhandlungen 1990 nicht verstehen. Die historische Deutung kann dabei helfen, einen genaueren Blick auf das oftmals komplizierte Verhältnis beider Völker zu gewinnen.

Immer wieder war und ist zu spüren, dass Russland nicht von Ressentiments gegen uns Deutsche geprägt ist. Oft betrachten die Russen uns Deutsche als eine gleichrangige Nation. Mit einem entscheidenden Unterschied: Sie haben die Deutschen besiegt. Die Russen haben im Krieg unendlich viel gelitten. Aber sie verlangen von den Deutschen nicht unablässige Beteuerungen, wie sehr sie gelitten haben. Denn am Ende haben sie selbst, wenn auch unter unerhörten Opfern, den Großen Vaterländischen Krieg gewonnen.

Obwohl Russen und Deutsche immer nur vorübergehend und an schmalen Stellen direkte Nachbarn waren, gab und gibt es starke emotionale Beziehungen. Sie gehen mehr als tausend Jahre zurück, bis an die Wurzeln Europas. Schon Großfürstin Olga von Kiew, die sich in Konstantinopel hatte taufen lassen, korrespondierte mit dem deutschen Kaiser Otto I.

Über viele Generationen haben später die Romanows, die russische Herrscherdynastie, Ehepartner für ihre Kinder in protestantischen deutschen Häusern gesucht. Katharina die Große war eine Prinzessin aus Anhalt. Das alles blieb nicht ohne Wirkung für das Gefühl unter den Völkern. Im Jahr 2008 war in Berlin eine hochinteressante Ausstellung unter dem Titel «Macht und Freundschaft» zu sehen. Sie stellte die engen Beziehungen zwischen den Herrscherhäusern in Russland und Preußen vor allem im 19. Jahrhundert dar.

Wenn wir im Verhältnis zu Russland heute von einer Modernisierungspartnerschaft sprechen, so können wir zurückgehen bis auf den deutschen Universalgelehrten Leibniz, der um 1700 in engem Kontakt mit Peter dem Großen Vorschläge für eine Reform des russischen Justizwesens vorlegte und die Einrichtung der Akademie der Wissenschaften empfahl. Später hat Herder wesentlich dazu beigetragen, unser Bild Russlands als der großen Macht des Ostens zu prägen. Umgekehrt hat das lebhafte Interesse der Russen für Immanuel Kant bis tief in die Zeit der Sowjetunion hinein angehalten. Es zeigt sich heute wieder jedem, der Dom und Grab in Kants Geburtsort Königsberg besucht. Kaum geringer war das Interesse der Russen an Schiller. Beethovens «Missa Solemnis» wurde 1824 von der Philharmonischen Gesellschaft in Sankt Petersburg uraufgeführt. Preußens berühmter Architekt Schinkel entwarf für den Zaren einen Sommerpalast.

Für die Deutschen wiederum ist und bleibt die Anteilnahme an den großen Werken der russischen Musik und zumal der Literatur prägend für ihr Russland-Bild. Die hoch bedeutenden Romane und Erzählungen des 19. Jahrhunderts von Puschkin bis Tschechow haben bei vielen von uns das

Urteil über die Weltliteratur dieses Jahrhunderts mitbestimmt. «Krieg und Frieden» von Tolstoi habe ich während des Krieges in meinem Feldgepäck dabeigehabt. Auch die von Diktatur und GULag geprägten russischen Werke des 20. Jahrhunderts von Bulgakow über Mandelstam bis Solschenizyn sind fester Bestandteil unserer Anteilnahme an der russischen Literatur.

Durch nichts aber wurde das Bild, das unsere beiden Völker voneinander haben, stärker geprägt als durch die Erfahrungen des Zweiten Weltkrieges. Was für die Russen zum «Großen Vaterländischen Krieg» wurde, war als das Grauen der Ostfront auch für eine ganze Generation von Deutschen prägend. Am Ende mussten wir bitter erfahren, dass Unrecht und Gewalt, die von uns ausgegangen waren, auf das eigene Volk zurückschlugen. Tod, Zerstörung und Vertreibung aus der angestammten Heimat waren der Preis. Aber auch die Russen hatten schwere Verluste, zuletzt noch beim Vormarsch auf Berlin 1944/45.

Auch deshalb lag mir daran, dass es beim Abzug der russischen Truppen aus Ostdeutschland nach 1990 zu einer würdigen Verständigung mit dem Kommandeur der «Westgruppe der russischen Streitkräfte», Generaloberst Burlakow, kam. Die Bevölkerung war über den Abzug tief erleichtert. Zugleich verabschiedete sie aber die russischen Truppen freundlich. Wir verpflichteten uns, die vielen sowjetischen Kriegsgräber auf deutschem Boden zu pflegen. «In diesem Sinn sind Ihre Toten auch unsere Toten», damit verabschiedete ich mich von Burlakow.

Meine erste Reise in die Sowjetunion hatte mich 1968 nach Moskau und Zagorsk zum Patriarchen der russisch-orthodoxen Kirche geführt. Der Metropolit Nikodim, der in Moskau die Außenbeziehungen seiner Kirche leitete, war gemeinsam mit mir Mitglied im Exekutivausschuss des Weltkirchenrates. Die Begegnungen mit der Orthodoxie haben mein Bild Russlands nicht unwesentlich mitgeprägt – mitten in der Zeit des Kalten Krieges unter Stalins unmittelbaren Nachfolgern.

Später, im Jahr 1973, kam es zum ersten Besuch einer fünfköpfigen Delegation des westdeutschen Parlaments in der Sowjetunion, unter Führung unserer Bundestagspräsidentin Annemarie Renger. Auch Herbert Wehner gehörte zu unserer Gruppe. Wir verbrachten auch zwei Tage im damaligen Leningrad. Der Besuch des Piskarevskoe-Friedhofs, auf dem 470 000 Tote liegen, die während der deutschen Belagerung durch Hunger und Kälte ihr Leben verloren, war ein unvergesslich tiefer Eindruck. In aller Eindringlichkeit wurden uns die wahrhaft grausamen Leiden der Jahre 1941 bis 1944 beschrieben. Es waren die «Hunnen», so der Ausdruck des Führers auf dem Friedhof, die das getan hatten: die Deutschen, die Hunnen.

Am gleichen Abend waren die fünf deutschen Politiker Gäste des Politbüros in Leningrad. Mir fiel die schwierige Aufgabe zu, eine kurze Dankrede im Namen unserer Delegation zu halten. Was sollte ich sagen? Ich sprach aus der eigenen Erfahrung. Freimütig bekannte ich, auch ich sei als junger Infanterist aus Potsdam einer jener «Hunnen» gewesen, die auf der anderen Seite gekämpft hatten. Südlich des Ladogasees waren wir in erbitterte Nahkämpfe verstrickt. Es gab schwere Verluste auf beiden Seiten. Vom schrecklichen Schicksal der Bevölkerung in der Stadt hatten wir Soldaten damals keinen Begriff. Eine klare Einsicht in das grauenhafte Leiden der Menschen in Leningrad stellte sich erst nach dem Krieg allmählich ein. Es war furchtbar.

*Unser erster Besuch als Delegation des westdeutschen Parlaments
unter Führung der Bundestagspräsidentin Annemarie Renger in Moskau,
1973. Rechts im Bild Herbert Wehner.*

Waren solche Erinnerungen damals, mitten im Kalten Krieg, überhaupt opportun? Aber welchen anderen Sinn konnte unser Gedankenaustausch 1973 haben, als zu erklären: Wir sind vor allem deshalb hier, um unseren Teil dazu beizutragen, dass sich niemals unter unseren Nachkommen wiederholt, was wir selbst erlebt haben. Deshalb sprach ich ganz offen über meine Erinnerungen.

Nach anfänglichem Schweigen nahmen unsere Gastgeber den Gedanken auf und führten mit uns dann eine immer offenere Unterhaltung, bei der es schließlich fast zu einer menschlichen Wärme kam. Einer der Russen erklärte mir die Stellung seiner damaligen militärischen Einheit südöstlich von Leningrad und stellte fest, dass wir uns zu jener Zeit genau am selben Frontabschnitt gegenübergestanden hätten. Nun säßen wir einander friedlich gegenüber – voller Verantwortung für die Zukunft. Der Abend nahm einen erstaunlichen Verlauf.

Immer wieder in seiner Geschichte hat Russland Sicherheit gesucht, indem es seine strategischen Grenzen nach vorne schob. Freunde hat es sich damit wahrlich nicht gemacht, sondern im Gegenteil, bei seinen Nachbarn ein bleibendes tiefes Misstrauen bewirkt. Mit dem Zerfall der Sowjetunion wurde eine jahrhundertelange Expansion zum Teil rückgängig gemacht.

Nach wie vor bleiben tiefsitzende Empfindlichkeiten zwischen dem großen Russland und kleineren Nachbarn, die früher einmal Teil der Sowjetunion und des Zarenreiches waren. Groß bleibt die Irritation, wenn sich diese Nachbarn einem Bündnis anschließen, in dem sie vor allem Schutz vor Russland suchen. Aber darüber darf sich angesichts ihrer ständigen Erfahrungen mit Russland niemand wundern. In dem Verhältnis der Russen zu ihrem so genannten «nahen Ausland» liegen noch große unerledigte Aufgaben für die Politik, für uns alle.

XXI

In Einheit und Freiheit:
Der 3. Oktober 1990

Um Mitternacht vom 2. zum 3. Oktober 1990 waren wir aus Ost und West vor dem Reichstag in Berlin versammelt. Vor einer unübersehbaren Zahl von Menschen rief ich gemäß der Präambel und dem Sinn der Verfassung aus: «In freier Selbstbestimmung wollen wir die Einheit und Freiheit vollenden. Für unsere Aufgaben sind wir uns der Verantwortung vor Gott und den Menschen bewusst. Wir wollen in einem vereinten Europa dem Frieden in der Welt dienen.»

Am Vorabend des 3. Oktober hatten wir in der Mitte Berlins im Schauspielhaus am Gendarmenmarkt die starken Worte des letzten DDR-Ministerpräsidenten Lothar de Maizière und die Neunte Sinfonie von Beethoven gehört. Wann je hatte es einen passenderen Moment für die «Ode an die Freude» gegeben?

Am 3. Oktober waren wir in der Berliner Philharmonie versammelt. Wir begingen den Staatsakt der Vereinigung. Mir fiel die Aufgabe zu, zu reden.

Der Einmaligkeit dieser Versammlung war ich mir bewusst. Das Entscheidende, was es zu sagen galt, war erneut der Präambel des Grundgesetzes unmittelbar zu entnehmen. Noch

Am 3. Oktober 1990 waren wir in der Berliner Philharmonie versammelt und begingen den Staatsakt der Vereinigung.

vor kurzem hatten die dort formulierten Hoffnungen einen utopischen Klang gehabt. Nun erschienen sie als erfüllte Verheißung – und zugleich als umso unausweichlicherer Auftrag.

Die Vereinigung brachte für die Deutschen eine historische Überraschung – die Rückkehr zum Nationalstaat. Sie zeigte, dass dieses Modell keineswegs am Ende war. Einen nationalen Weg, einen Alleingang aber konnte niemand wollen.

Daher rief ich zur Fortsetzung des europäischen Einigungswerks auf: «Zum ersten Mal bilden wir Deutschen keinen Streitpunkt auf der europäischen Tagesordnung» so durften wir nun feststellen. «Unsere Einheit wurde niemandem aufgezwungen, sondern friedlich vereinbart. Sie ist Teil eines gesamteuropäischen geschichtlichen Prozesses, der die Freiheit der Völker und eine neue Friedensordnung unseres Kontinents zum Ziel hat. Diesem Ziel wollen wir Deutschen dienen. Ihm ist unsere Einheit gewidmet.»

Der Präsident der Brüssler Kommission, Jacques Delors, war in der Philharmonie mit besonderer, mit beinahe stürmischer Dankbarkeit begrüßt worden. Wir Deutschen, davon war ich überzeugt, konnten unseren Interessen am besten dienen, wenn wir uns in der Stärkung der Gemeinschaft von niemandem übertreffen ließen. «Wir werden unserer Aufgabe gerecht, wenn es später einmal heißt: Das entscheidende Kapitel zur Einigung des ganzen Europa nahm seinen Anfang mit der Überwindung der Teilung Deutschlands.»

Zum «ganzen Europa», zum gesamteuropäischen Einigungsprozess gehört natürlich vor allem auch der Osten. Noch war der Vertrag über die Bestätigung der deutsch-polnischen Grenze nicht abgeschlossen worden. Erst die Vereinigung bot dafür die definitive völkerrechtliche Basis. Da hatten einige Abgeordnete weiterhin Vorbehalte. Deshalb war es mir wichtig, noch einmal an das Schicksal der Vertriebenen zu erinnern: «Unsäglich hart für die Menschen war der erzwungene Heimatverlust. Neuer Streit um Grenzen aber verliert jeden Sinn. Umso zündender ist das Verlangen, ihnen ihren trennenden Charakter zu nehmen. Alle Grenzen Deutschlands sollen Brücken zu den Nachbarn werden. Das ist unser Wille.» Die Vereinigung überhaupt möglich zu machen, das war ein Gemeinschaftswerk der Deutschen, ihrer Nachbarn und Verbündeten gewesen. Ich würdigte die jeweils unterschiedlichen Beiträge Gorbatschows, der Völker in Ungarn, Polen und in der Tschechoslowakei, der Freunde und Verbündeten im Westen. Besonders aber galt es, den mutigen Bürgern in der DDR zu danken.

In den einfachen vier Worten «Wir sind das Volk» hatte sich eine friedliche und republikanische Revolution verkörpert. Für diese Leistung der Deutschen im Osten empfand ich die höchste Achtung.

In der Ansprache richteten sich die Gedanken nun auf das, was vor uns lag. Geschaffen war ja erst die staatsrechtliche Einheit. Entscheidendes galt es nun erst recht zu tun. Vieles trennte uns noch. Für die Ostdeutschen war die Vereinigung ein täglicher, sie ganz unmittelbar berührender Prozess der tiefgreifenden Umstellung. Es war wichtig, dass die Westdeutschen diese gewaltigen Anstrengungen wahrnahmen und zugleich erkannten, was die Ostdeutschen in die Einheit mitbrachten. Es galt, an den Geist der Solidarität zu erinnern, der im Osten gerade unter den Bedingungen des dortigen allzu labilen Wirtschaftssystems gewachsen war. Auch heute noch sehen wir immer wieder, in welchem Maß die Fähigkeit zur Zusammenarbeit, zur kollegialen Nachbarschaft, zum Zurückstellen persönlicher Eitelkeiten gerade viele der Menschen auszeichnet, die in der DDR geprägt worden sind. Von ihnen zu lernen, hilft uns allen. Eine Mahnung tut uns immer Not: Gescheitert war im Osten das System; dagegen heben sich die Menschen mit ihren Einstellungen und Leistungen klar ab.

Um die Finanzierung des Aufbaus im Osten war in den vorangegangenen Wochen politisch heftig gestritten worden. Es war zu spüren, wie ein Teil im Saal gespannt zuhörte, als ich fortfuhr: «Oft hört man heute, niemandem solle etwas genommen werden, es komme nur auf die Verteilung der Zuwächse an.» In Wahrheit aber führt kein Weg an der Erkenntnis vorbei: «Sich vereinigen heißt teilen lernen.»

Das Teilen geht weit über das Materielle hinaus. Es geht um die grundlegende Erfahrung, dass der Mensch sich dem anderen erst dann wahrhaft zuwendet, wenn er mit ihm teilt. «Wirklich vereint werden wir erst sein, wenn wir zu dieser Zuwendung bereit sind.» Das ist es, was die meisten auch wollen. Der Text meiner Ansprache ist in einem Anhang zu diesem Buch abgedruckt.

XXII

Unterwegs zur inneren Einheit:
Die Jahre 1990 bis 2009

Nach dem 3. Oktober 1990 ging es nun erst recht an die Arbeit. Solange es das Ziel war, die Freiheit zu erringen, wusste man, was zu fürchten und was zu tun war. Nun war die Freiheit in der Einheit errungen. Jetzt lautete die Aufgabe, in ihr zu bestehen. Das war und bleibt eine ebenso großartige wie schwierige Aufgabe. So ist es bis zum heutigen Tag.

Zwei deutsche Teilstaaten hatten sich vereinigt, aber mit völlig unterschiedlichen Voraussetzungen. Zunächst war es der ganz ungleiche Umfang beider Teile. Ein Fünftel vereinigte sich mit vier Fünfteln zu einem Ganzen. Das Staatswesen in Ostdeutschland befand sich in ständig wachsender Auflösung. Der Zustand des westlichen Staates aber war stabil. Dazu gehörte der Widerspruch zwischen Staatsbankrott dort und einer gesunden Finanzlage hier. Die wichtigste Folge für die Menschen selbst war mit Händen zu greifen. Für die einen ging alles nach bewährtem Muster weiter. Für die anderen bedeutete die Vereinigung eine große tägliche Anstrengung.

Eine ostdeutsche Frau schrieb mir als Bundespräsidenten einmal, sie seien im Osten alle tief dankbar für die Freiheit.

Aber nicht gewusst hätten sie, wie sehr die vielen Veränderungen an die Nerven gingen. Alles sei nun anders. Vor allem die neuen Anforderungen an den Einzelnen. Früher sei alles geregelt gewesen, die Betreuung der Kinder von Geburt an bis zur Pflege der Alten, die Ausbildung, der Arbeitsplatz. Nun dürfe und müsse man in Freiheit neue eigene Wege finden.

Ein Mecklenburger schrieb mir: «Früher waren wir alle gleich auf niedrigem Niveau und hatten alle Arbeit.» Die Mehrheit habe sich mit dem System auf die eine oder andere Weise arrangiert. Der Einzelne habe sich eingerichtet, so gut es eben ging, mit wenig Raum für eigene Initiative. Ein Anderer schilderte die großen Anstrengungen der neuen, doch so ersehnten Freiheit und fügte hinzu «Mit unseren Seelen sind wir noch nicht bei euch angekommen.» Er bei uns angekommen? Warum nicht wir bei ihm? Er soll doch wahrlich nicht den ganzen Weg allein zurücklegen. Es gilt, einander entgegenzugehen. Doch wiederum erforderte dies unvergleichbare Anstrengungen für den Westen und den Osten.

Das neue gemeinsame freiheitliche Gesellschaftssystem benötigte ein ganz anderes, hohes Maß an Selbstbestimmung, und dies zugleich unter neuen harten Rahmenbedingungen.

Schon bald nach der Einheit kam es zu starken wirtschafts- und sozialpolitischen Entscheidungen und Entwicklungen, die zum großen Teil unvermeidlich und alternativlos waren. Zunächst ging es darum, der laufend gewachsenen Auswanderung vor allem von vielen jungen Bürgern nach Westdeutschland entgegenzuwirken. Im Zusammenhang damit stand auch in hohem Maße das, was bald Elitenwechsel genannt wurde. Damit waren nicht politische Führungskräfte gemeint, sondern ungezählte unentbehrliche Sachverständige in allen Bereichen von Wissenschaft und Medizin, von Erzie-

Als Bundespräsident 1991 in Gera.

hung und Bildung, Pflege und Versorgung, die ihre Chance jetzt im Westen suchen wollten. In allen anderen ehemaligen Ostblockländern kam es dazu nach dem Ende des Kalten Krieges schon deshalb nicht, weil ihnen die Alternative zwischen Ost und West, also einer «Auswanderung» innerhalb der eigenen Nation fehlte, so wie sie zwischen Ost- und Westdeutschland bestand.

Bei uns kam es nun aber auch in einem hohen Maß zu einem Zuzug von West nach Ost. Die komplizierte Aufgabe, den Wandel einer Gesellschaft aktiv zu organisieren, sollte wahrgenommen werden. Aber durch wen und mit welchen Motiven für den Einzelnen? Vielfach wurde die Einschätzung laut, hier habe es sich oft um Westdeutsche gehandelt, die dank dieser für sie neuen Möglichkeiten berufliche Chancen im Osten suchten und fanden, die sie auf ihren westdeutschen Laufbahnen bisher nicht hätten erreichen können.

Hier sollten wir nach meiner Einschätzung mit unserem Urteil äußerst behutsam sein. Gewiss hat es Fälle und Laufbahnen dieser Art gegeben. Ganz überwiegend aber gilt der umgekehrte Eindruck. In großer Zahl kamen Fachleute, Verantwortungsträger und eben einfach auch hilfsbereite Westdeutsche in den Osten, um dort mitzuarbeiten, wo ihr Sachverstand sich dazu eignete und dringend gebraucht wurde. Zu nennen waren hier vor allem Richter, Verwaltungsbeamte und Hochschullehrer, aber auch Wirtschaftsexperten und Vertreter eines unternehmerischen Mittelstandes, den es seit langem im Osten wenig gegeben hatte. Auf jeder meiner Reisen in die östlichen Länder bin ich ungezählten westlichen Aufbauhelfern begegnet, die mit hohem Sachverstand und mit Takt mitarbeiteten. Private und freie gemeinnützige Stiftungen und Gruppen waren beteiligt. Städtepartnerschaften, die noch in der Zeit der Teilung zustande gekommen waren, leisteten vortreffliche Dienste.

Schon rein zahlenmäßig zeigt sich, dass nach dem Jahr 2000 gegenüber den Auswanderern Jahr für Jahr eine große Zuwanderungsquote von West nach Ost stabil erhalten blieb, vielfach hochqualifizierte aktive Bürger. Alles in allem hat dies die Leistungsfähigkeit in den östlichen Bundesländern deutlich gestärkt.

Die gewachsene Arbeitslosigkeit im Osten wurde als Stigma empfunden. Wie sollte es auch anders sein? Marktwirtschaft erschien als soziale Kälte, zumal im Vergleich zur einstigen Wärme und Geborgenheit im Kollektiv.

Zwar hatte es im Osten wie im Westen in der Zeit der Teilung vergleichbare Gründe für Arbeitslosigkeit gegeben, zum Beispiel wenn der technische Fortschritt einen Arbeitsplatz überflüssig machte. Im Westen wurde dann im Allgemeinen die Stelle einfach gestrichen, im Osten dagegen nicht. Der Beschäftigte konnte seine Stelle behalten. Er vermehrte die innerbetriebliche Arbeitslosigkeit, die aber nicht ausgewiesen wurde. Schon Jahre vor dem Mauerfall hatte ich einmal in Dresden den dortigen Parteisekretär Hans Modrow besucht, 1989/90 Ministerpräsident der DDR. Nachdem er mich zunächst auf die gestiegene Arbeitslosigkeit im Westen kritisch angesprochen hatte, räumte er schließlich in der Unterhaltung unumwunden ein, dass man es in der DDR mit dem System der nicht ausgewiesenen, verdeckten Arbeitslosigkeit zu tun habe. Dem Beschäftigten blieb zwar das Stigma der Arbeitslosigkeit erspart, aber auf ständig wachsende Kosten des Staatsbudgets.

Nun, nach der Wende, war der Übergang auf das Marktsystem für die Empfindung der betroffenen Menschen besonders hart. Große Teile der jüngeren Generation konnten, oft durch Abwanderung in den Westen, einen beruflichen Weg finden. Umso mehr wurde es als bedrückend, ja als verletzend empfunden, wenn zum Beispiel die eigenen Eltern plötzlich arbeitslos wurden.

Der Arbeitsmarkt stand einerseits im Zeichen der Währungsreform mit ihren schon geschilderten, für die Sicherung der Arbeitsplätze schwer parierbaren Folgen. Zum anderen wurde er von den Arbeitskämpfen und Regelungen für Löhne und Gehälter durch die Tarifparteien geprägt. Diese hatten im Osten zuvor keinen nennenswerten Einfluss. Nun kamen die westlich geführten Gewerkschaften und Arbeitgeber. Sie setzten oft eine viel zu rasche Lohnangleichung durch. Es war menschlich allzu verständlich, zugleich aber wirtschaftlich vielfach übereilt.

Dabei kamen später freilich auch ungute Wettbewerbsmotive zum Vorschein, nämlich ein Schutz westlicher Standorte. Nicht selten konnten diese von den ökonomisch bösen Folgen ostdeutscher hastiger Tarifpolitik profitieren.

Umso mehr stand nun der dringend notwendige Transfer staatlicher Mittel im Vordergrund. Er ging freilich viel zu wenig in das erwünschte wirtschaftliche Wachstum hinein, dafür umso mehr in den Konsum.

Wer auf die ersten zwanzig Jahre nach dem Mauerfall zurückblickt, muss auch heute noch an die harte innerwestliche Auseinandersetzung über die Finanzierung der Einheit erinnern. Sich vereinigen heißt teilen lernen: Das hatten der letzte Ministerpräsident der DDR Lothar de Maizière und ich am 2. und 3. Oktober 1990 gefordert. Meinerseits hatte ich dazu umgehend einen bürgerfinanzierten Lastenausgleich zugunsten des Ostens durch den Westen unter ausdrücklicher persönlicher Einbeziehung der Westbürger vorgeschlagen. Wir hatten ja in der alten Bundesrepublik bald nach dem Kriegsende schon einmal einen solchen Schritt zugunsten der vielen Millionen von Heimatvertriebenen getan. Die materielle Leistung hatte einen tieferen Sinn: Sie machte damals die Solidarität und den inneren Zusammenhang sichtbar, die die vom Schicksal begünstigten – weil im Westen beheimateten – Deutschen mit denjenigen Landsleuten verbanden, die der Verlust ihrer Heimat so schwer getroffen hatte.

Die Vereinigung zwischen Ost- und Westdeutschland war anderer Natur. Aber auch sie verlangte nach einem Ausgleich. Der Gang der Geschichte hatte den Bürgern in beiden Teilen Deutschlands allzu unterschiedliche menschliche und materielle Lasten aufgebürdet. Es musste also mehr als nur eine staatlich anonyme Solidarität zum Ausdruck kommen. Das war mein Motiv. Der dafür notwendige Gemeinsinn war da. Aber warum wurde er nicht abgerufen?

Zwischen den Exponenten an der Spitze der westlichen Parteien kam es rasch zu überaus deutlichen Auseinandersetzungen. Der frühere Bundeskanzler Helmut Schmidt hatte zunächst der Bonner Außenpolitik von Helmut Kohl auf dem Weg zur Wiedervereinigung ausdrücklich zugestimmt. Mit Recht hatte er die Zehn-Punkte-Rede von Kohl von Ende 1989 unterstützt. Dann aber, als die Mauer gefallen war, erwartete er von Kohl eine «Blut, Schweiß und Tränen»-Rede an das deutsche Volk. Er nahm damit die Erinnerung an jenen berühmten Appell von Winston Churchill aus dem Mai des Jahres 1940 auf, als Großbritannien nach der Niederlage Frankreichs als einziger verbliebener Gegner Hitlerdeutschlands in eine ganz isolierte und bedrohliche Lage gekommen war. Schmidt kritisierte nachdrücklich nicht nur, dass ein vergleichbarer Appell von der Bonner Regierung niemals ausgesprochen wurde, sondern vor allem, dass stattdessen «eine blühende Landschaft» für den Osten öffentlich in Aussicht gestellt wurde. Gleichzeitig versprach die Bonner Bundesregierung, die Einheit werde keine privaten Opfer und keine Steuererhöhungen von den westdeutschen Bürgern verlangen.

Niemand kann im Ernst bezweifeln, dass die Bundesregierung große Aufbauleistungen in Ostdeutschland angestrebt und erreicht hat. Andererseits aber stand die nächste Bundestagswahl unmittelbar im Dezember 1990 bevor. Dabei wurden die westdeutschen Wähler weit eher in Sicherheit gewiegt als auf persönliche solidarische Opfer zugunsten Ostdeutschlands vorbereitet. Die Einsicht in die wahre Lage folgte weit später.

Dann sind Jahr für Jahr gewaltige Transferleistungen erfolgt. Sie entstammen vor allem den allgemeinen Haushaltsmitteln, aber nicht allein. Allmählich konnte der Westbürger verspüren, dass mittelbar jeder betroffen ist, nicht nur durch Steuern und Abgaben, sondern auch bei den Beiträgen zur Sozialversicherung mit ihren versicherungsfremden Leistungen, oder durch einschneidende Sparmaßnahmen der öffentlichen Hand und durch eine massive Erhöhung der Staatsschulden und damit der Zinslasten.

Die Kosten der Vereinigung sind und bleiben noch immer gewaltig. Sie sind Kriegsfolgekosten, die mit großer zeitlicher Verspätung nach wie vor anfallen. Aber die Gelder gehen nicht an die Sieger, sondern sie bleiben in Deutschland.

Das kann man dankbar sehen und erleben. Es gilt zunächst für die Infrastruktur, also für Wasser und Abwasser, für Strom und Telekommunikation, für Straße und Schiene. Auf diesen Gebieten ist weitgehend eine Ost-West-Vereinigung erreicht. Das Bildungswesen gleicht sich an, bis hinein in die Universitäten. Besondere Anstrengungen erforderte die Beseitigung gewaltiger Umweltschäden. Dies gilt vor allem für den Uranbergbau. Und jeder kann es wahrnehmen, wenn er frühere mit heutigen Fahrten über die Elbbrücke vergleicht, wo die grauenhaften Emissionen aus dem Bitterfelder Chemiedreieck den Himmel verdunkelt hatten.

Der Wohnungsmangel ist behoben. Die Renovierungsarbeiten in Städten und Dörfern haben große Fortschritte gemacht. Der Aufbau der sozialen Sicherungssysteme gehört zum allerwichtigsten. Vergleicht man die Lage in Ostdeutschland mit einem jeden anderen ehemaligen Ostblockland, so ist der Wohlstandsgewinn auf deutschem Boden spürbar größer. So nimmt es auch das Ausland wahr.

Auf der anderen Seite bringen demographische Gründe einen starken Einfluss zur Geltung, der durch materielle Hilfe kaum wettgemacht werden kann. Einerseits steigt die Lebenserwartung. Zum anderen wandern aus ländlichen Gebieten immer mehr junge, qualifizierte Menschen in die Städte ab. Diese Entwicklung ist in vielen Teilen der Welt zu registrieren. Wir kennen sie seit langem auch in Europa. Die Menschen ziehen in wirtschaftliche Zentren, wo es bessere Ausbildung und mehr Arbeitsplätze gibt.

Vor allem ländliche Regionen sind davon betroffen, da hier drei Faktoren zusammenkommen: zu wenig Arbeitsplätze, der Alterungsprozess, immer weniger Kinder. Bei einem Besuch im Nordosten der Uckermark nahm ich einmal an einem Dorffest teil. Der Bürgermeister antwortete mir auf meine Frage nach seinem Alter, er sei 37 Jahre alt und damit gegenwärtig der jüngste Mann im Dorf. Unter solchen Bedingungen lässt sich die Bevölkerungszahl nicht erhalten. Die Kinderzahl geht eindeutig zurück. Zugleich kann man den älteren Bürgern nicht raten, nun ihrerseits mit in die teureren Regionen zu wandern, wohin es die jungen Leute wegen der Beschäftigung zieht. Die Alten bleiben, wo es billiger ist. Oder sie ziehen in einen nähergelegenen, etwas größeren Ort um, wo es eine bessere Infrastruktur und vielleicht einen Arzt am Platz gibt. Es ist unter solchen Bedingungen kaum möglich, überall die Bevölkerungszahl zu erhalten. Nicht alle Dörfer in abgelegenen Regionen werden auf die Dauer leicht überleben. Dies gilt für einzelne Teile der ostdeutschen Länder, aber durchaus auch in bestimmten Gebieten Westdeutschlands, wie zum Beispiel entlang der ehemaligen deutsch-deutschen Grenze. Es sind Entwicklungen, die sich nicht immer allein nach Ost und West unterscheiden lassen.

In jeder Himmelsrichtung finden sich neben den Schwierigkeiten auch hervorragende positive Beispiele. Kaum eine Stadt besitzt eine solche kulturelle, künstlerische und wissenschaftliche Anziehungskraft für Besucher aus aller Welt wie Dresden. Dereinst war dieses «Elbflorenz» die schönste Residenz Europas. Danach aber wurde sie zum Mahnmal gegen Krieg und verbrecherisches Unrecht. Und nun hat sie sich mit aller Kraft der Chance zugewandt, die alte Gestalt der Stadt wiederzufinden und sie zugleich mit neuen guten wissenschaftlichen und wirtschaftlichen Perspektiven für die Bürger zu füllen.

Leipzig ist in jüngster Zeit stärker gewachsen als viele andere Großstädte auf dem Kontinent. Es ist wieder eine vorbildliche Bürgerstadt, aus eigener Kraft, ohne die magnetischen Vorzüge einer alten Residenz- oder Landeshauptstadt. Hier leben Wirtschaft und Wissenschaft zusammen mit einer unerhört lebendigen Bürgerbeteiligung. Bei der jährlichen Frühjahrsbuchmesse kommen zahllose Kulturveranstaltungen und vor allem Lesungen zustande. Und nirgendwo sonst in Deutschland ist die Anteilnahme der Bevölkerung vergleichbar mit den Leipziger Zuhörerzahlen. Die Stadt bleibt wie eh und je der Musik zugetan; hinzu kommen neue Museen. Sie beherbergt seit 2002 das Bundesverwaltungsgericht. Es hätte überdies seinerzeit bei der Vereinigung auch zum Umzug des Bundesverfassungsgerichts von Karlsruhe nach Leipzig kommen können. Dazu hätte es jedenfalls nach meiner Auffassung kommen sollen, und zwar in der Tradition des historisch ersten deutschen Reichsgerichts 1879 ebendort.

Erstaunlicher war für mich die relativ geringe, nur ganz langsam anlaufende Neugier der westdeutschen Bevölkerung auf einen eigenen persönlichen Eindruck von den östlichen Bundesländern an Ort und Stelle. Noch Jahre nach dem Fall der Mauer hatten die wenigsten Westdeutschen auch nur einen ersten Fuß auf ostdeutschen Boden gesetzt. Das gilt selbst für manche Mitglieder des Bundestags. Erstaunlich ist es, dass die große private Reiseaktivität und Neugier so viel Wartezeit benötigte, um die ungewöhnlich schönen landschaftlichen Reize der östlichen Länder aufzuspüren.

Darüber hinaus und in allererster Linie gibt es noch immer eine zu große Distanz untereinander im Hinblick auf die deutsche Geschichte. Diese Geschichte hat ihren Anfang für uns Deutsche ja nicht in Köln oder in München genommen, sondern an den Osthängen des Harzes, in Magdeburg und Quedlinburg. Dort lässt sich die deutsche Entstehungszeit erwandern, was zugleich kulturell und landschaftlich unerhört reizvoll ist.

Es bleibt für die deutsche Einheit noch eine unerfüllte Aufgabe, sich bis in die Gegenwart in der Geschichte zu vereinen. Dazu gehört zunächst und vor allem die Einsicht, dass ein zentralistischer Mittelpunkt, wie ihn zum Beispiel die Franzosen haben, nie ein Merkmal unserer deutschen Geschichte gewesen ist und werden wird.

Wenn wir von der historischen Erfahrung ausgehen, lassen sich die Hauptunterschiede unserer deutschen Regionen seltener zwischen Ost und West erkennen, also entlang der durch den Kalten Krieg erzwungenen Teilung, als vielmehr zwischen Nord und Süd. Die Verständigungsschwierigkeiten zwischen Ostfriesen und Oberbayern sind größer als etwa zwischen Thüringern und Hessen oder zwischen Schleswig-Holsteinern und Mecklenburgern. Dafür gibt es jetzt das erste gute Beispiel eines geplanten Zusammenschlusses. Es handelt sich um die drei evangelischen Kirchen aus Pommern, Mecklenburg und Nordelbien mit Hamburg. Sie sind im Begriff, sich miteinander zu vereinen.

Was uns zwischen Ost und West noch manchmal die Verständigung erschwert, ist, historisch gesprochen, jungen Datums. Im Mittelpunkt des heutigen ostdeutschen historischen Gedächtnisses steht naheliegenderweise die Zeit der Teilung. In Westdeutschland war von vornherein der 30. Januar 1933, also das Datum der Machtübernahme durch Hitler der prägende Termin des Rückblicks. Dies ist nach meiner Überzeugung das entscheidende Datum, das uns im zeithistorischen Sinn zwischen Ost und West primär verbindet. Es ist ja dieses Datum, das am Ende zur Teilung geführt hat.

Daran habe ich bei meiner Ansprache am 8. Mai 1985 aus Anlass der 40jährigen Wiederkehr des Kriegsendes mit allem Nachdruck erinnert. Worum ging es an diesem Tag? War es der Tag der Niederlage? Mit meinen Worten habe ich damals im Plenarsaal des alten Bonner Bundestages eingehend geschildert, dass für ungezählte Menschen Leid, Flucht, Vertreibung und Unfreiheit erst am Kriegsende begonnen haben. Und dennoch habe ich damals deutlich ausgesprochen, dass der 8. Mai 1945 der Tag der Befreiung ist, das Ende von Mord und Lebensangst, in Vernichtungslagern und Gefängnissen, an den Kriegsfronten und in den bombardierten Städten, der Befreiung von der Nazidiktatur im eigenen Land und in unserer Nachbarschaft. Von heute aus mag vieles an dieser Rede selbstverständlicher erscheinen als es damals war. Doch an diesem Tag wollte ich jenem Verfassungspatriotismus zu seinem Recht verhelfen, den die Mütter und Väter des Grundgesetzes vor Augen hatten, als sie nach dem Krieg ihre eigenen Lehren aus der nationalsozialistischen Vergangenheit zogen. Zur Demokratie als Lebensform, so wie sie ihnen vorschwebte, gehört untrennbar der ehrliche und ungeschönte Blick in die Vergangenheit. Diesen mussten die Deutschen erst einüben. Es gab danach eine lebhafte Aussprache über die zentrale Bedeutung des Datums, aber nicht nur in Deutschland. Auch das Ausland nahm starken Anteil am neuen notwendigen Umgang von uns Deutschen mit der Vergangenheit.

Für unsere Landsleute im Osten war das Neue nicht, dass ich den 8. Mai als Tag der Befreiung bezeichnet hatte. Er galt ja ohnehin als solcher in der DDR. Im Zeichen «sowjetisch-deutscher» Freundschaft wurde er offiziell als Sieg über den Faschismus gefeiert. Viele Jahre war der 8. Mai ein staatlicher Feiertag in Verbindung mit der verordneten Botschaft des Antifaschismus. Da hieß es dann: Wir haben den Faschismus besiegt und bekämpfen ihn heute in Gestalt der Bundesrepublik. Mit meiner Rede aber verbanden nun viele Menschen in der DDR eine neue Sicht. Das konnte der SED nicht angenehm sein.

Eine gesamtdeutsche Erinnerung an die Zeit des Nationalsozialismus gehört in der Einheit zu unseren schwierigen und notwendigen Aufgaben. Wir bewältigen sie in der Einsicht, dass es der 30. Januar 1933 ist, der für uns alle in Ost und West das maßgebliche gemeinsame Bezugsdatum auch in der Zeit unserer Teilung blieb.

XXIII

Die finstere Macht der Staatssicherheit

Die Last der Geschichte bleibt für uns Deutsche spürbar. Das gilt auch für ein Kapitel aus der DDR-Vergangenheit, dessen Aufarbeitung ebenso notwendig ist wie diese eine gemeinsame Aufgabe bleibt: die finstere Tätigkeit der Staatssicherheit. Sie hat uns eine Erblast des Misstrauens hinterlassen.

Mitte der neunziger Jahre ist der Althistoriker Christian Meier der Frage nachgegangen, wie im Laufe der Jahrtausende verschiedene Völker die Katastrophen verarbeiteten, von denen sie betroffen wurden. Dabei stellte er fest, dass viele dieser Völker, wenn es darauf ankam, eine Katastrophe zu überwinden, eine schlimme Vergangenheit zu «bewältigen», Zuflucht im Vergessen suchten. Das Vergessen erschien in ihren Kulturen als ein probates Heilmittel, um mit einer bösen Erbschaft fertigzuwerden.

In Wahrheit lässt sich jedoch die Geschichte umso weniger vergessen, als sie für die Gegenwart richtungsweisend war und blieb. Für uns wirkte die Vergangenheit hinein in die heutige Zeit immer wieder schwer genug. Nun wollen und können wir weiterleben. Dies wird uns umso eher gelingen, wenn wir vor Augen behalten, welche Hinterlassenschaft es zu verstehen und zu überwinden gilt.

Oft fühlen sich Westdeutsche bei der Aufarbeitung der SED-Diktatur an schwierige Auseinandersetzungen mit der Nazivergangenheit erinnert. Das scheint zunächst deshalb verständlich zu sein, weil ja die beiden Systeme sich gleichsam darin abgelöst hatten, den deutschen Landsleuten im Osten fast sechzig Jahre lang die Freiheit zu nehmen. Dennoch waren die Voraussetzungen und Folgen vollkommen unterschiedlich. Beide Systeme unterdrückten die Freiheit der Bürger. Aber sie standen unter unvergleichbaren Voraussetzungen. Der SED-Staat hatte keinen Krieg begonnen und keinen Holocaust zu verantworten. Als er entstand, war das Deutsche Reich zusammengebrochen. Er war vom östlichen Sieger, der Sowjetunion, eingesetzt worden. Er blieb in seinen Entscheidungen und seinem ganzen System ebenso abhängig von außen. Daher bedurfte er besonderer Instrumente, um die Bevölkerung zu disziplinieren und zu überwachen.

Der Nationalsozialismus war dagegen innerhalb des eigenen Landes an die Macht gekommen. Dabei hatte sich die Mehrheit der Deutschen mit ihrem Staat weitgehend identifiziert. In der DDR dagegen musste die Anpassung der Bürger in einem weit höheren Maß erzwungen werden.

Am Ende der Teilung waren die Deutschen mit der Aufgabe, sich ihrer Vergangenheit anzunehmen, unter sich. Die Opfer lebten zum großen Teil noch, und sie lebten mitten unter uns. Niemand durfte und wollte dieses Mal, wie früher in Westdeutschland, auf den moralischen Rigorismus einer nachwachsenden Generation warten. So gab es denn diesmal, anders als früher im Westen, zu keinem Zeitpunkt eine veritable Schlussstrichdebatte.

Nicht die politische Idee des Staates als solche war das Böse, sondern ihre Gleichsetzung mit der absoluten Wahrheit.

Man glaubte sich in ihrem Besitz und maßte sich an, sie jedermann aufzuzwingen. Und der Staatssicherheitsdienst wurde dafür das Instrument. Mit ihm verkehrte sich der moralische Anspruch der Führung in Unmoral. Mit ebenso banalen wie rücksichtslosen Mitteln wurden Bürger ausgespäht, bespitzelt, erpresst und korrumpiert, Denunziantentum geschürt. Besonders hinterhältig war es, Opfer zu Mittätern zu machen. Wer konnte den Zorn nicht nachempfinden, wenn zahllose Schikanen ungesühnt blieben, mit denen Menschen ausgeforscht, bedrängt, in ihrer Ausbildung und in ihrem Beruf behindert oder wegen ihres Rufes nach Freiheit bestraft worden waren. Und wenn umgekehrt einer, der sich immer als besonders linientreu hervorgetan hatte, nach 1989 schon ziemlich bald wieder weitergekommen war und oben saß.

Es wäre menschlich unzumutbar und rechtsstaatlich unerträglich, über die Stasipraxis einen Mantel des Vergessens zu breiten. Recht und Gesetz nehmen ihren Lauf. Bei der Behandlung der Akten darf der erforderliche Datenschutz nicht zum Täterschutz werden. Zugleich wird dabei niemand die Zweifelhaftigkeit von Aufklärungsmitteln verkennen. In einem System, das ohne Lüge nicht auskommt, können auch Akten lügen.

Es hat über dieses Thema heftige Debatten im Osten und auch im Westen gegeben. Das konnte gar nicht ausbleiben, vor allem aus völlig legitimen, ganz persönlichen Gründen. In Ostdeutschland war dies schon deshalb absolut verständlich, weil es sowohl Stasiopfer als auch Stasibeteiligte gab, mutige Freiheitsstimmen ebenso wie die Übeltäter.

Im Westen war die Anteilnahme naturgemäß geringer. Aber auch hier fehlte es nicht an ganz unterschiedlichen Positionen. Einige wollten möglichst bald möglichst wenig darüber hören. Es gab aber auch sehr wohl das Gegenteil. Es gab Stim-

men, die die ganze Stasiaufklärung primär als eine Westauf-
gabe verstanden und sie heute zum Gegenstand eines Aufklä-
rungsunterrichts schon in der Schule zu machen streben.

Inmitten aller Vorschläge und Wege bleibt die Aufklärung
und Erinnerung an das Stasisystem und sein schweres mensch-
liches Unrecht ein unverzichtbarer Bestandteil unserer gemeinsamen Aufgabe, uns Schritt für Schritt in der Geschichte
zu vereinigen.

XXIV

Gemeinsame Traditionen:
Kunst und Kultur in Ost und West

Eine herausragende Rolle spielt in der Erinnerung an die Zeit
der Teilung und die Bedingungen staatlicher Unfreiheit die
Kunst in der DDR. Sie war und bleibt ein besonderer Ausdruck für die gemeinsamen, durch Diktatur nicht zerstörten
Wurzeln und Ziele.

In der Literatur schuf sich der Geist des unabhängigen Ur-
teils seinen Raum. Bei Stephan Hermlin oder Stefan Heym,
bei Christa Wolf, Christoph Hein oder Günter de Bruyn und
vielen anderen Autoren werden wir fündig auf der Suche nach
der Geschichte und der Substanz des Lebens in der DDR. Bis
in die Gegenwart hinein gibt uns ein Autor wie Uwe Tellkamp
mit seinem Roman «Der Turm» Auskunft, dass sich eine Form
von bildungsbürgerlichem Leben auch in der DDR finden ließ,
von der die meisten im Westen wenig wussten.

Oft bin ich von West-Berlin aus in den Osten der Stadt gegangen und war von den schönen Klassikerausgaben der
deutschen und der Weltliteratur beeindruckt, die vom Aufbau-
Verlag und anderen Verlagen herausgegeben wurden und
dort in den Buchhandlungen zu finden waren. Was ich zum
Beispiel bei westdeutschen Verlagen vergeblich gesucht hatte,

fand sich alsbald in der Buchhandlung am Ost-Berliner Alexanderplatz: mein italienischer Lieblingsroman vom Anfang
des 19. Jahrhunderts, «Die Bekenntnisse eines Achtzigjähri-
gen» von Ippolito Nievo, eine venezianische Geschichte während der Napoleonischen Epoche.

Die musikalische Kultur hatte in der DDR während der Zeit
der Teilung auf wahrhaft imponierende Weise ihre Kunst ständig aufrechterhalten und fortentwickelt. Im geteilten Berlin
gab es dafür die eindrucksvollsten Erlebnisse auf den Büh-
nen. Als die Staatsoper Unter den Linden 1992 ihren 250. Ge-
burtstag beging, stand mit großem Recht im Mittelpunkt der
Würdigungen die Staatskapelle, die ihre überragende Qualität
in der Zeit der Teilung stets halten und bald nach dem Mauerfall wieder in die vereinigte Hauptstadt einbringen und dann
unter der Leitung unseres Freundes Daniel Barenboim aus-
bauen konnte. Als unvergleichlich bleibt mir aus Ost-Berlin in
besonderer Erinnerung, wie der große Tenor Peter Schreier
den «Palestrina» von Hans Pfitzner sang, ein selten aufgeführ-
tes, schwieriges Kunstwerk.

Auch auf den Ost-Berliner Sprechbühnen gab es während
der Zeit der Mauer unvergessliche Inszenierungen. Die Qualität und Anziehungskraft hatte sich jeweils bis zu manchen
DDR-Grenzbeamten in der Mitte Berlins herumgesprochen.
Meine Frau und ich fuhren während meiner Bürgermeister-
zeit abends öfter in den Osten der Stadt. Man nahm uns am
Grenzübergang streng und unbewegt das «Eintrittsgeld» nach
Ost-Berlin ab. Als wir dann spät am Abend über denselben
Übergang zurückfuhren, fragte uns derselbe Grenzbeamte voller Freundlichkeit: «Na, war es denn schön in unserem Deut-
schen Theater?»

Ein besonders spannungsvoller Bereich ist die bildende

Kunst. Es gibt bei uns zum Teil sehr strenge Urteile, zum Beispiel bei wichtigen westlichen Kennern wie Eduard Beaucamp, dem langjährigen Kunstkritiker der «Frankfurter Allgemeinen Zeitung», der von «den allertrübsten Kapiteln im Ver-
einigungsprozess» spricht. In bedeutenden westdeutschen
Museen seien kaum Werke aus der DDR zu finden. Man habe
sie entweder nicht gesucht oder ins Depot verbannt. Steckt
unsere Kunstszene noch im Kalten Krieg? Manchmal hörte
man diese besorgte Frage.

Wir alle erinnern uns, wie in den sechziger Jahren Künstler aus dem Osten in den Westen gekommen sind, zum Beispiel Georg Baselitz, Gerhard Richter oder A. R. Penck. Hier
hatten sie in großem Maß Erfolge, vielfach auch mit ihrer
strengen Kritik gegenüber manchen im Osten verbliebenen
Kollegen. Diese aber haben sehr wohl mit der Vergangenheit
und eben auch der dortigen Gegenwart kritisch abgerechnet,
wenn auch weniger radikal, mit ihren eigenen hohen künstle-
rischen Qualitäten, zum Beispiel Wolfgang Mattheuer, Werner
Tübke oder Bernhard Heisig. Mögen sie auch in wichtigen
westlichen Museen leider noch immer fehlen. Wir hatten
große Werke von ihnen im Amtssitz des Bundespräsidenten,
dem Berliner Schloss Bellevue, jahrelang ausgestellt. Auch
das Ausland nimmt an der neuen Kunst aus Ostdeutschland
Anteil. In der jüngsten Vergangenheit gab es bei Wien in Klos-
terneuburg eine der interessantesten Ausstellungen der Leipziger Schule mit ihren bemerkenswerten Künstlern unter Einschluss von Neo Rauch, der zumal bei den Amerikanern
längst einen tiefen Eindruck hinterlassen hat. Der Vereini-
gungsprozess der bildenden Kunst hierzulande dauert, ist
aber unter globalen Vorzeichen bereits jetzt unumkehrbar.

XXV

Die deutsche Nation:
Woher wir kommen

Zu Beginn dieses Buches erinnerte ich an ein Gespräch mit Gorbatschow. Auf meine Frage, wie lange denn die deutsche Frage noch offen bliebe, lautete seine Antwort, er kenne eine solche Frage nicht, wir sollten die Antworten der Geschichte überlassen. Daran hat er sich selbst in vielem orientiert, ohne seiner Verantwortung zum Handeln auszuweichen. Das hat er bewiesen, als er zwei Jahre nach jenem Gespräch zusammen mit dem amerikanischen Präsidenten George Bush und dem deutschen Bundeskanzler Helmut Kohl die entscheidenden Schritte zu unserer Wiedervereinigung gegangen ist.

Die Einheit ist wiedergewonnen. Das Grundgesetz in der Fassung, die es durch den Einheitsvertrag erhalten hat, sagt: Die Einheit und Freiheit Deutschlands ist «vollendet». Das ist ein großes Wort! In erster Linie ist es Ausdruck unserer Freude, dass wir nach schweren Zeiten und jahrzehntelanger Teilung wieder zusammengehören. Nun geht es weiter.

Wir haben bisher den Weg vom Ende des Zweiten Weltkrieges bis zur deutschen Einheit verfolgt. Die Art und Weise, wie die vier Mächte, die Nachbarn, aber auch die Deutschen in Ost und West selbst sich auf diesem Weg verhielten, hat immer wieder offenbart, dass die deutsche Frage nicht nur wegen des Kalten Krieges schwierig war, sondern dass es dafür auch weit ältere historische Gründe gab. Es war den Westalliierten daher nicht unwillkommen, diese Frage zunächst auf sich beruhen zu lassen. Wir Deutschen wussten unsererseits, dass ein Drängen auf unsere Einheit die Entstehung eines neuen Friedens in Europa nicht gefährden durfte.

Schon lange – in der Tat schon über mehrere Jahrhunderte – hatte die deutsche Frage nicht nur die Deutschen selbst, sondern ganz Europa beschäftigt und beschwert. Das große Land in der Mitte des Kontinents – wie konnte seine Freiheit und Selbstbestimmung mit der der Nachbarn vereinbar werden?

Ein grober Leichtsinn wäre es, das heutige Ergebnis als Folge einer gleichsam selbstverständlichen oder schicksalhaften Entwicklung zu verstehen und uns damit einem rasch fortschreitenden Gewöhnungsprozess hinzugeben. Die Geschichte kann uns das Gegenteil lehren. Sie macht uns die Umwege deutlich und die Hindernisse, die zu überwinden waren. Es ist um unserer Zukunft willen notwendig, dass wir uns all dessen bewusst bleiben, was erforderlich war, um schließlich doch bei einer klaren Antwort auf die offene deutsche Frage anzukommen. Wir brauchen diese Einsichten um unserer künftigen Verantwortung willen.

Daher lohnt es sich für die Gegenwart und die Zukunft, einmal den ganzen langen weiten Weg zu verfolgen, den die deutsche Frage durchlaufen hat. Was war die deutsche Frage? Wie ist sie entstanden? Welchen immer neuen Veränderungen war sie ausgesetzt? Was hat eine Antwort gefördert, was hat sie erschwert? Warum blieb sie offen?

Bei einem solchen Rückblick sollten wir nicht vergessen, dass wir Deutschen in Ost und West auf unterschiedlichen

Wegen in der Gegenwart angelangt sind. Wir haben in beiden Teilstaaten unterschiedliche Lebenserfahrungen gemacht und unterschiedliche Geschichtsbilder entwickelt. Je erfolgreicher wir lernen, die Unterschiede unserer Erinnerungen und damit unserer Prägungen zu erkennen, desto besser rüstet uns das Verständnis der Geschichte für die Herausforderungen der kommenden Zeit.

Wir werden bald auf zwei Kennzeichen der deutschen Geschichte stoßen, die uns schon bei der Betrachtung des Wegs zur Überwindung der deutschen Teilung begegnet sind. Das eine ist die Vielfalt der deutschen Stämme, Provinzen und Länder, also unser Föderalismus. Das andere sind die weit später herangewachsenen Bürgerstimmen, der Weg zu einer Bürgergesellschaft, die am Ende die entscheidende Kraft zur Wiedergewinnung unserer Einheit erzeugte.

Den deutschen Föderalismus spüren wir schon im Mittelalter auf. Damit sind wir wieder in Sachsen-Anhalt, zumal in Magdeburg. Es war der sächsische König Heinrich I., der im 10. Jahrhundert an den Anfängen eines Deutschen Reiches stand. Franken und Sachsen hatten ihn gewählt. Zusammen mit Schwaben und Bayern reichte seine Kraft über die Elbe hinüber nach Brandenburg und Böhmen.

Sein Sohn Otto I. degradierte gegen heftige Widerstände seine stolzen Herzöge faktisch zu «Oberbeamten» seines Reiches. So wurde er in der zweiten Hälfte des 10. Jahrhunderts zum unbestrittenen Herrn zwischen Alpen und Nordsee, zwischen Maas und Elbe. Da fand sich gleichsam die Wurzel zur ersten Strophe jenes Gedichtes von Hoffmann von Fallersleben, dessen dritte Strophe heute unsere Nationalhymne ist.

Doch es zog Otto I. aus Magdeburg hinaus über die Alpen nach Süden hin zu einer universalen Herrschaft. Mit der Kaiserkrönung in Rom im Jahr 962 befestigte er den Grundstein für das umfassende mittelalterliche Reich. Dies wurde der Ausgangspunkt jener Kaisertradition, die nur in höchst eingeschränktem Sinn deutsch genannt werden konnte. Die Kaiserkrone umgab die deutschen Könige mit Glanz, aber deren Energien galten seither nie Deutschland allein. Anders als in Frankreich oder England wuchs daher auf deutschem Boden in den folgenden Jahrhunderten nicht die Macht des Herrschers, sondern die der Fürsten. So blieb es nördlich der Alpen – im Grunde bis heute – bei einem föderalen, nie besonders zentral integrierten Staatswesen.

Die deutsche Frage verlief anders als bei den Nachbarn, eben offen. Aber was war es, was die Deutschen dennoch miteinander verband? Einen entscheidenden Impuls dabei gab – mit Hilfe der Buchdruckerkunst – die erste Übersetzung der Bibel in unsere Sprache. Unabhängig von der Konfession entwickelte sich der Text von Martin Luther und Philipp Melanchthon zu einer Art «Grundbuch deutscher Kultur», wie es der ostdeutsche Essayist Friedrich Dieckmann genannt hat. Sprache ist Kernstück der Kultur.

Als ich einmal den früheren französischen Präsidenten François Mitterrand an einem Tag auf die Wartburg bei Eisenach und nach Weimar geleitete, bedankte er sich nachdrücklich dafür, endlich die Entstehungsorte der deutschen Kultur an den Pulten von Luther und Goethe, den Schöpfern unserer Sprache und damit unserer Kultur kennengelernt zu haben. Etwas schnippisch fügte er hinzu, bisher hätte ich ihn ja immer nur den Rhein hinauf und hinunter geführt, und da habe er schließlich in hohem Maße auch französische Kultur wiedergesehen.

Gleichviel: Wenn es um Kultur und um Sprache geht, können wir gerade auch etwas von dem beherrschenden Respekt der Franzosen für ihre eigene Kultur wie für die Bedeutung unserer gemeinsamen Kultur zum Wohle von Europa lernen.

Ein weiteres Beispiel erlebte ich bei demselben Präsidenten Mitterrand nach dem Ende des Kalten Krieges in Danzig 1993. Dort gab es eine Pressekonferenz zu dritt von Mitterrand, dem polnischen Präsidenten Lech Wałęsa und mir. Der polnische Gastgeber drückte seine Freude über den bevorstehenden Beitritt seines Landes zur EU aus. Als Zweiter sprach ich über die wachsende Bedeutung des sogenannten «Weimarer Dreiecks» Polen-Frankreich-Deutschland. Dann kam Mitterrand an die Reihe, und er teilte mit, die Ergebnisse der neuesten Welthandelskonferenz werde er nur dann durch seine Regierung unterzeichnen lassen, wenn die Vereinbarungen auch die Bestimmung enthielten, dass keinerlei amerikanische Software mehr den europäischen Kontinent «betreten» dürfe. Er irrte sich natürlich durchaus nicht hinsichtlich der Bedeutung, die die Technik in unserer elektronischen Welt besitzt. Aber er wollte eben keine Gelegenheit verstreichen lassen, ohne auf den Wert unserer europäischen Kultur hinzuweisen, die zu schützen sei.

Doch zurück in die Geschichte: Am Übergang vom Mittelalter zur Neuzeit kam es dann mit der Reformation zu jenem Konflikt für uns Deutsche, der nun unsere Geschichte jahrhundertelang prägte. Zunächst gab es das Prinzip «cuius regio, eius religio». Das bedeutete, dass der jeweiligen politischen Macht auch die Bestimmung über die Konfession ihrer Untertanen zufiel. Dies hatte tiefe Folgen bis zur Wende vom 19. zum 20. Jahrhundert. Da konnte man zum Beispiel im protestantischen Teil des Deutschen Reiches auf den Leitsatz von «Thron und Altar» stoßen. Heute weiß man, dass die Kirche – allzu oft – unterstützungswillig der politischen Linie folgte. Das hatte am Ende zum Teil sogar Konsequenzen bis in die Zeit des Nationalsozialismus.

Vor allem aber hatte sich seit dem 16. Jahrhundert der konfessionelle Konflikt mit dem zentralen Problem der Deutschen in Europa verhängnisvoll verbunden, nämlich mit ihrer prekären kontinentalen Mittellage. Der Partikularismus unter den deutschen Ländern führte sie nicht selten auf unterschiedliche, ja gegensätzliche Weise mit ihren jeweiligen europäischen Nachbarländern zusammen oder in Konflikte untereinander. Andererseits waren sich die nichtdeutschen europäischen Nachbarländer stets einig in der Sorge vor einem vereinigten Deutschland in der kontinentalen Mitte: Die Deutschen haben kaum natürliche Grenzen durch Meere oder Gebirgszüge, dafür eine umso größere Zahl ganz verschiedener Nachbarn. Es gab insofern keinen erkennbaren Weg zu einer ringsherum erträglichen Antwort auf die offene deutsche Frage.

Mit seinen grauenhaften Zerstörungen warf der Dreißigjährige Krieg von 1618 bis 1648 die kontinentale Mitte Europas fast unheilbar zurück. Großbritannien und Frankreich konnten sich als Nationen nicht zuletzt dank ihrer entscheidenden geopolitischen Vorteile mit gewaltigem zeitlichen Vorsprung vor uns Deutschen entwickeln. Doch trotz der religiösen und politischen Gegensätze blieb das Reich ein organisierter und funktionierender Rechts- und Friedensverband, unfähig zum Angriff, aber durchaus machtvoll in der Verteidigung. Nur für die deutsche Nation interessierte sich dabei niemand.

Der Westfälische Frieden 1648 schuf die Grundlagen für ein werdendes Völkerrecht. Unter den Kriegsparteien kam es nicht, wie öfters im Altertum, zu einer Verabredung und Praxis des Vergessens begangener Übeltaten, sondern zu einer «oblivio perpetua et amnestia», also einer Verabredung bleibender Amnestie. Das wurde ein ungewöhnlich verantwortungsvolles Element einer gemeinsamen Erinnerungskultur unter vormaligen Feinden. Auch nach dem Zweiten Weltkrieg standen wir vor dieser Herausforderung. Und das Ende des Kalten Krieges mit dem Fall der Mauer liefert ebenfalls dafür Fragen und Antworten – auch wenn wir heute wissen, dass es pauschale Amnestien nicht geben darf.

Der Partikularismus blieb das vorherrschende Prinzip auf deutschem Boden. Dann suchte der französische Sonnenkönig Ludwig XIV. um 1700 den Rhein als seine natürliche Grenze unter Einschluss mächtiger östlicher Brückenköpfe. Er stieß auf schwachen Widerstand. In Wien war mit polnischer Hilfe der osmanische Vormarsch zum Stehen gebracht worden. Die Habsburger Kaisermacht konzentrierte sich indessen weniger auf das Reich als auf die Stärkung des Hauses Österreich. Im nördlichen Vakuum des deutschen Sprachraumes stieg Brandenburg-Preußen auf. Das Reich verlor fast jede Realität eines handlungsfähigen Gebildes.

Unaufhaltsam entwickelte sich stattdessen der Gegensatz Österreich-Preußen. Er wurde nur noch vorübergehend durch eine gemeinsame Front gegen Napoleon überdeckt. Doch der französische Kaiser war es, der den Spuk des Reiches schließlich beendete. Der «Reichsdeputationshauptschluss» von 1806 machte der völligen Unübersichtlichkeit der unzähligen Herrschaften, Territorien und Städte auf deutschem Boden ein Ende. Die größer gewordenen deutschen Mittelstaaten entwickelten sich unter einer Art Patenschaft Frankreichs. Der Wiener Monarch trug nun nur noch Österreichs Kaiserkrone. Die Römische Krone legte er 1806 nieder. Napoleon hatte, mit

einer gewissen Assistenz des russischen Zaren Alexander I.,
über das Alte Reich verfügt.

Nun wuchs erst recht die offene deutsche Frage heran:
Was ist Deutschland? Auch wenn das Heilige Römische Reich
zuletzt nur eine Hülle gewesen war, so eröffnete doch sein
Untergang ein neues, langes Vakuum, aber mit einem spür-
bareren Verlangen nach einer Antwort.

Die Rheinbundstaaten modernisierten sich nach franzö-
sischem Vorbild. In den beiden großen deutschen Staaten Österreich und Preußen begannen Reformen. Dies galt vor allem
für Preußen, wo sie mit den Namen der beiden Staatsmänner
Stein und Hardenberg verbunden sind. Die Befreiungskriege
gegen Napoleon wurden zum Volkskrieg. Auf der kommunalen Ebene kam es zu ersten Bürgerrechten. Eine Verfassung
wurde verlangt und in Aussicht gestellt. Fichte hielt 1808 im
noch französisch besetzten Berlin seine Reden an die deutsche Nation. In dieser Zeit entwickelten sich die ersten Wurzeln jener Faktoren, die uns bei der offenen deutschen Frage
voranhelfen sollten.

Nach dem Scheitern der napoleonischen Streitmacht 1812
in Russland und deren verlustreichem Rückzug ging es mit
Macht dem Ende Napoleons entgegen. In seinem großen Roman «Vor dem Sturm» hat Theodor Fontane die gewachsene
freiheitliche Stimmung in der preußischen Bevölkerung gegenüber ihrem noch immer zögernden König Friedrich Wilhelm III. beschrieben, einem Monarchen, der sich allzu lang
scheute, Napoleon entgegenzutreten. Doch nach der endgül-
tigen Niederlage des französischen Kaisers endete dann auf
dem Wiener Kongress 1815 schließlich dieser erste große Versuch in der europäischen Geschichte, den Kontinent mit Gewalt zu einigen.

Österreich konzentrierte sich nun auf den Balkan und Italien. Preußen bekam auf Verlangen Großbritanniens im Rheinland große Territorien zugesprochen. In der Mitte Europas entstand nicht mehr als der ziemlich machtlose Deutsche Bund. Immerhin galt er als Ausdruck des allgemeinen europäischen Wunsches, in Zentraleuropa eine gewisse Ordnung entstehen zu lassen, wenn auch ohne wirkliche politische Kraft. Weiterhin offen jedoch blieb, was das ist: Deutschland.

Bei den Wiener Verhandlungen hatten sich die beteiligten Regierungen auf Gleichgewicht und Interessenausgleich in Europa verständigt. Dank dieser Parolen folgte eine längere Friedensperiode. Nach diesen Verhandlungen gerieten aber Krone und Volk nach ihrem gemeinsamen Sieg über Napoleon schnell wieder auseinander. Die alten Herrschaftsstrukturen wurden einfach wiederhergestellt; Könige und Fürsten regierten nun wie zuvor. Ihre vagen Zusagen für Reformen und Verfassungen, die sie während der Befreiungskriege angedeutet hatten, schienen vergessen.

Doch so blieb es nicht. Unter den Deutschen wie auch in Italien, bei den Polen und anderen Völkern wuchs das Verlangen nach Unabhängigkeit, nach Einlösung gegebener Versprechen, nach Freiheit. Überall rührten sich nach einigen Jahren erzwungener Ruhe die Bürger.

Es kam zu Widerstand und Aufruhr. Die Pariser Julirevolution von 1830 rüttelte Europa auf. Der polnische Aufstand 1830/31 fand die lebhafteste Anteilnahme auf dem Kontinent. Vor allem unter den Deutschen herrschte Bewunderung für den Freiheitskampf der östlichen Nachbarn gegen ihre russischen Herrscher. Belgien setzte sich mit seiner neuen Unabhängigkeit durch. In zahlreichen Schweizer Kantonen kam es zu Verfassungsrevisionen. Großbritannien erlebte eine be-

deutende Wahlrechtsreform. Es gärte in Ungarn und in Spa-
nien.

Und auf deutschem Boden kam es 1832 zur ersten politischen Volksversammlung im Verlauf unserer Geschichte. Es
war eine demokratisch-republikanische Großveranstaltung:
das Hambacher Fest in der Pfalz. 30 000 Teilnehmer aus zahlreichen Ländern waren dem Aufruf gefolgt. Redakteure und
Anwälte waren es, Burschenschaftler und Studenten, Hand-
werker und Bauern, die von überall her herbeiströmten. Keine
Regierung stand dahinter, keine politisch organisierten Gruppen hatten aufgerufen, sondern Bürger kamen selbstbestimmt
zueinander, fanden politisch zusammen. Sie verkündeten den
Sinn des Festes mit den Worten: «Freiheit, Einheit und Europa».
An der Spitze ihrer Forderungen standen die Souveränität des
Volkes, freie Wahlen, Freiheit der Presse, Freiheit der Ver-
sammlung und der Rede, Gleichberechtigung von Mann und
Frau. Für die damaligen Verhältnisse war es ein tollkühner,
revolutionärer Katalog.

Wir alle wissen heute, wie viel Kraft und Zeit es kostete,
wie viele Rückschläge es zu überwinden galt, um diese zentralen Ziele in unserer Geschichte zu erreichen. Umso mehr
sollte man sich vor Augen halten, dass eine erste aktive und
mutige Bürgerschaft bereits damals den Weg vorangegangen
ist und gewiesen hat, der nach vielen Abirrungen schließlich
bis in unsere Zeit, bis zum Fall der Berliner Mauer geführt
hat.

Bald nach dieser Volksversammlung 1832 kam es zur lautstarken Forderung nach einem einigen Deutschland. In der
Frankfurter Paulskirche trafen sich während der Revolution
von 1848 – ebenfalls ein europaweit beachtetes, trotz vielfachen Scheiterns epochales Ereignis – die Delegierten der Län-

der zur deutschen Nationalversammlung. Ihr Ziel war eine
deutsche Regierung auf der Basis einer Verfassung. Aber es
gab keine Einigkeit, ob man ein Großdeutschland mit einem
Kaiser in Wien oder ein Kleindeutschland mit dem preußischen Monarchen an der Spitze wollte.

Die Absicht des Berliner Königs Friedrich Wilhelm IV.
war es freilich, eine deutsche Krone, wenn überhaupt, aus
der Hand nicht der Delegierten der Paulskirche, sondern
der Landesfürsten entgegenzunehmen. Eine Bürgerverfas-
sung lag, obwohl sie von vielen lange erstrebt worden war,
offenkundig noch immer in weiter Ferne. Darüber hinaus be-
fürchtete der Preuße nicht nur den Widerspruch aus Wien,
sondern auch aus anderen europäischen Hauptstädten. Das
alte, immer neue Hindernis auf dem Weg zu einer deutschen
Einheit, also das Misstrauen gegen eine starke, wenn auch
kleindeutsche Nation in der Mitte des Kontinents, sah er
dort nicht ohne Grund voraus. Er wollte sich ihm nicht aus-
setzen.

Auch wenn die Paulskirche keine Antwort auf die offene
deutsche Frage zustande brachte, lebte unter den Bürgern
eine deutsche Nationalbewegung in verstärktem Maße weiter.
Im Jahre 1859 machten die Deutschen aus Schillers 100. Ge-
burtstag ein bis dahin nicht erlebtes nationales Fest. Nach den
Befreiungskriegen und der ebenso hoffnungsvollen wie ergeb-
nisarmen Revolution des Jahres 1848 versammelten sich erneut ungezählte Menschen auf der gemeinsamen Suche nach
dieser deutschen Nation. Der Streit ging um groß- oder kleindeutsche Lösungen, um die Stimme der Bürger gegenüber
dem System der Fürsten, also um Verfassung und Reform.
Über allen Tumult hinweg wollten die Festteilnehmer bezeugen: Wir sind einig im Geiste Schillers. Er hat uns den Faden

der Nationalgeschichte gesponnen, mit seinen Erziehungszielen und der Kraft seines Freiheitswillens.

Schiller selber freilich hatte zu seinen Lebzeiten alles andere als nationalstaatlich gedacht. Er bekannte sich zwar zunächst nachdrücklich zu den Zielen der Französischen Revolution, die auch eine große Wirkung diesseits des Rheins entfaltete. Dann aber hatte er 1796 in einem bekannten und vielzitierten Doppelvers gesagt:

«*Zur Nation euch zu bilden, ihr hofft es, Deutsche,*
vergebens;
Bildet, ihr könnt es, dafür freier zu Menschen euch aus.»

Jahrzehnte später waren die Ziele Freiheit und Einheit immer noch nicht beisammen. Auf dem Hambacher Fest war im Übrigen auch lautstark die These vertreten worden, dass auf jeden Fall die Freiheit den Vorrang habe: Mit der Freiheit suchen wir die Einheit – aber keine Einheit ohne Freiheit.

Nach 1848 hatte das Gewicht Preußens gegenüber Österreich zugenommen. Bismarck wurde 1862 Ministerpräsident in Berlin. Ein Ruf als Anführer einer nationalen Bewegung ging ihm nicht voraus. Er suchte vielmehr eine Stärkung Preußens möglichst ohne Konflikte mit den anderen europäischen Mächten. Aber die alte Wiener Friedensordnung von 1815 geriet nun doch nachhaltig durcheinander. Es gab den militärisch ausgetragenen Konflikt um Schleswig-Holstein. Dann ging es in die Endrunde der Auseinandersetzungen mit Österreich, die sich 1866 in der Schlacht von Königgrätz entschied.

Italien befand sich selbst im nationalen Einigungsprozess. Russland und England waren wegen des Krimkrieges zerstritten und vom Blick auf die kontinentale Mitte abgelenkt. Gegen die gefürchtete staatliche Vereinigung der Deutschen sann nur

noch Frankreich auf Widerstand. Auch wenn sich die Bürgerversammlung in Hambach 1832 den Weg zur Einheit ganz anders vorgestellt hatte, führte Bismarck 1870/71 die entscheidende Konfrontation gegen die Franzosen als einen Volkskrieg
durch, getragen von einer unaufhaltsamen nationalen Stimmung.

So wurde das Deutsche Reich als kleindeutsche Lösung er-
kämpft und im Schloss von Versailles gegründet. Alle wichtigen Nachbarn hatten diesen Weg zur Nation schon hinter
sich. Waren wir also alles in allem eine «verspätete Nation»,
wie später der Soziologe und Philosoph Helmut Plessner
meinte? Hier sollten wir dem Gedanken des Historikers Heinrich August Winkler folgen, der uns daran erinnert, dass 1871
ein deutscher Nationalstaat begründet wurde, nicht die deutsche Nation. Denn im kulturellen, vorstaatlichen Sinn waren
die Deutschen schon lange vor 1871 eine Nation gewesen.

Aber war nun auch im Sinne der Außenpolitik die offene
deutsche Frage beantwortet? Niemand wusste genauer als
Bismarck, dass es immer vor allem darauf ankam, das Deutsche Reich nicht aus der Mitte heraus zu einer neuen Gefahr
für das europäische Gleichgewichtssystem werden zu lassen.
So suchte er eine Politik der Mäßigung und des Ausgleichs zwischen dem Osten und dem Westen Europas. Die geopolitische
Lage Deutschlands nötigte dazu. Er war ihr gewachsen. So
verlieh Bismarck dem Deutschen Reich wirkliches Gewicht,
ohne Europa in ernste Unruhe zu versetzen. Nur er vermochte
es offenbar, wie man wenig später leidvoll erfahren musste.

Zugleich wuchs das neugebildete Reich zu einer bedeu-
tenden Macht heran. Es war zu groß, um ein Bündnis unter
Gleichen zu suchen. Anderseits war es zu klein, um seinen
Weg in Europa allein zu gehen. Bismarck hatte sich mit Nach-

druck provozierenden, zu weit gehenden Forderungen wider-
setzt, die in der deutschen öffentlichen Meinung laut wurden.
Erst nach seiner Entlassung als Kanzler 1890 gewannen Forderungen nach einer stärkeren deutschen Beteiligung an Kolo-
nien und Seegeltung durch einen forcierten Flottenbau an
Übergewicht.

XXVI

Die Irrwege der Nationalismen

Das friedliche Arkadien, als das unser Land früher angesehen worden war, verlor sich. «La patrie de la pensée», die Heimat des Denkens, wie die französische Nachbarin Madame de Staël es zu Beginn des 19. Jahrhunderts genannt hatte, strebte jetzt nach Macht und Glanz. Aber die Ziele der Bürgergesellschaft für die Bildung einer Nation, wie wir sie in Hambach kennengelernt hatten, waren in den Hintergrund gerückt.

Nun war Berlin das Zentrum des Deutschen Reiches im Zeitalter großer wissenschaftlicher Leistungen und wirtschaftlicher Blüte. Schritt für Schritt entwickelte sich die Stadt zum größten Industriestandort zwischen Moskau und der Atlantikküste. Es wurde ein europäischer Verkehrsknotenpunkt.

Zugleich ging die notwendige politische Behutsamkeit verloren. Bismarck hatte noch von der Kunst eines Spieles mit fünf Kugeln gesprochen. Jetzt aber lautete die Parole: «Mit Volldampf voraus!»

Nicht nur in Deutschland, allgemein in Europa heizten sich nationale Gefühle immer mehr auf. Es wurde etwas Bedeutendes, Vorrangiges, einer bestimmten Nation anzugehören. Man ging dazu über, sich anderen Nationen überlegen zu fühlen. Das Bild des eigenen Landes wurde überhöht, das Ansehen der Nachbarn herabgesetzt. Frankreichs Nationalfeiertag war der 14. Juli, in Erinnerung an den Sturm auf die Bastille, an die Französische Revolution 1789, der aus französischer Sicht kein anderes europäisches Volk zu folgen bereit gewesen sei. Stattdessen feierte nun das deutsche Kaiserreich alljährlich am 2. September den Sieg über die Franzosen bei Sedan 1870.

Das war der Nationalismus in Europa. Deutschland war nicht Urheber, sondern nur ein verspäteter Teilhaber. Doch auch indem die Deutschen nun, wiederum verspätet im Verhältnis zu den wichtigsten Konkurrenten, in die Welt ausgriffen, führten sie schließlich die meisten ihrer Nachbarn zu einer großen Koalition gegen sich zusammen. Die zentrale Sorge Bismarcks war Wirklichkeit geworden.

Der damals noch junge Winston Churchill meinte, Deutschland versuche zu einem Imperium aufzusteigen. Dieser Platz sei aber bereits durch das Vereinigte Königreich besetzt. Also müsse der Konflikt ausgetragen werden. 1914 begann der Erste Weltkrieg. Der große amerikanische Diplomat und politische Denker George F. Kennan hat ihn später zu Recht die europäische «Urkatastrophe» genannt. 1918, am Ende dieses Weltkriegs, nach vier blutigen Kriegsjahren mit bis dahin unvorstellbaren Opferzahlen, war Deutschland besiegt.

Bei Deutschlands Kriegsgegnern stärkte der Sieg das nationale Bewusstsein nachhaltig. Das deutsche Nationalgefühl hingegen wurde durch die erzwungenen Beschlüsse im Friedensvertrag von Versailles gedemütigt. Am Ende des Ersten Weltkrieges brachten die Pariser Vorortverträge die so dringend nötige Befriedung auf unserem durch Gewalt und Hass zersplitterten Kontinent nicht zustande. Ein europäischer Zusammenschluss war ferner denn je.

Es gab nur einzelne Staatsmänner auf allen Seiten, die die Gefahren erkannten und versuchten, ihnen verantwortungsvoll entgegenzuwirken. Zu ihnen gehörte auch der amerikanische Präsident Woodrow Wilson, der Erfinder des Völkerbundes. Der amerikanische Kongress aber verweigerte dem amerikanischen Präsidenten dort eine Mitgliedschaft. Wilson musste sich international zurückziehen. Die prägende Stimmung in den USA erzwang eine neue Phase der Isolation. Russland hingegen erlebte 1917 den Sturz des Zaren, Revolution und blutigen Bürgerkrieg, schließlich den Sieg der kommunistischen Partei unter Lenin; langjährige Isolation auf dem internationalen Parkett war die Folge.

Die den Deutschen in Versailles auferlegten Strafen und Pflichten wurden zu immer neuen Krisenursachen. Der Übergang vom Kaiserreich zur Republik im geschlagenen Land begründete zum ersten Mal aber auch einen historisch hoch bedeutsamen bürgerschaftlichen und zugleich parteipolitischen Parlamentarismus mit schwankenden, oft jedoch ermutigenden Entwicklungen. Die demokratischen Regierungen im Staat Preußen waren dafür bis zum Jahre 1932 ein besonders positives Beispiel.

Zugleich aber blieb die Zahl und Kraft der aktiven, demokratisch-republikanisch mitarbeitenden Bürger in weiten Teilen des Landes zu gering. Radikale Flügel links und rechts verstärkten sich. Als es in der Nachfolge der Weltwirtschaftskrise von 1929 bei uns zu schweren sozialen und wirtschaftlichen Notständen kam, gelangte Hitler 1933 mit seiner nationalsozialistischen Bewegung an sein Ziel.

Zwar begann seine Diktatur mit einer Reihe außenpolitischer Erfolge. Das Saarland kehrte nach Deutschland zurück. Mit London gab es ein Flottenabkommen, mit Polen 1934 einen Nichtangriffsvertrag, mit dem Vatikan ein Konkordat. Die Wiedereinführung der allgemeinen Wehrpflicht und die Besetzung des Rheinlandes erfolgten ohne fühlbaren Widerstand der Westmächte.

Umso entschlossener rüstete Hitler jedoch für den Krieg und für sein unvorstellbar grauenhaftes Ziel, ein ganzes Volk, die Juden, auszurotten. Die Folge waren seit 1939 der Krieg mit der halben Welt und der Holocaust. Deutschland wurde am Ende zerstört, besiegt, besetzt und geteilt. Was hatte es nun überhaupt noch für einen historischen und politischen Sinn, von einer offenen deutschen Frage zu sprechen?

Die ganz überwiegende Mehrheit von uns heutigen Deutschen hat diese Entwicklung nicht miterlebt. Danach haben umso mehr hart genug unter den Folgen gelitten und ihre Kräfte nach 1945 für einen neuen Anfang eingesetzt. Es galt dabei, zu einer soliden Antwort auf die Frage nach der Zukunft unseres Landes beizutragen.

Die Bürger selbst waren es, die je länger desto prägender mitgewirkt haben. Gute eigene Kenntnisse über den schweren Weg in der Vergangenheit werden uns helfen, besser zu verstehen, wo wir uns heute als Deutsche in der Welt befinden und für welche Aufgaben wir gewappnet sein müssen.

XXVII

Unser Platz in Europa

Der Zweite Weltkrieg hatte an seinem Ende Europa in der Mitte auseinandergerissen. Wir Deutschen hatten gegen fast alle unsere Nachbarn Angriffskriege geführt. Nun wurde unser Land geteilt.

Zugleich aber hatten sich die beiden Großmächte im Lager der Sieger immer stärker auseinandergelebt. So war durch ihre Gegnerschaft der Kalte Krieg entstanden.

In dieser Zeit entwickelte sich der Gedanke einer europäischen Vereinigung. Sie diente der Überwindung historischer Feindschaften untereinander und der notwendigen gemeinsamen Bewältigung der neuen politischen und wirtschaftlichen Herausforderungen aus aller Welt. Wir Deutschen fanden in der Mitte der Europäischen Union dauerhaft unseren Platz.

Die Entstehungsgeschichte der Europäischen Union fällt in die Zeit unserer Teilung, der Teilung unseres Kontinents. Sie konnte sich daher mit ihren Erfolgen zunächst nur in der westlichen Hälfte Europas und unseres Landes entwickeln.

Der Weg dorthin, hin zu einem vereinten Europa, betrifft uns als Deutsche alle miteinander in Ost und West. Zum einen vergessen wir nicht, dass die internationale Zustimmung zu unserer Wiedervereinigung auf der Zugehörigkeit eines vereinten Deutschlands zur EU als Bedingung beruhte. Nicht weniger eindeutig entspricht dieser Vereinigungsweg nach Europa unseren elementaren internationalen Verpflichtungen und Interessen. Wo wären wir, um nur ein gegenwärtiges Krisenbeispiel zu nennen, inmitten der heutigen Finanzlage, wenn es den Euro nicht gäbe?

Unseren Rückblick und Ausblick auf unseren Platz in Europa nehmen wir heute von Berlin aus wahr. Der Weg dorthin zwischen Kriegsende und Wiedervereinigung wurde von Bonn aus beschritten. In dieser Zeit konnte nur die alte Bundesrepublik beteiligt sein. Doch dieser von Westdeutschland mitgeprägte außenpolitische Weg betrifft uns nun auch im wiedervereinten Deutschland. Dies gilt sowohl für den gegenwärtigen Zustand der EU wie für die Herausforderungen, vor denen wir jetzt stehen.

Westdeutschland hatte schon kurz nach Kriegsende die Chance, mit ehemaligen Kriegsgegnern im Westen einen Weg zur Aussöhnung zu finden und friedenssichernde Schritte für die Zukunft zu suchen. Daraus wurde rasch eine historische Entwicklung von unvorhergesehenem Ausmaß – eine staunenswerte Erfolgsgeschichte. Es war der Schritt zu einer europäischen Gemeinschaft mit eigener Gesetzgebung, Verwaltung und Gerichtsbarkeit.

Was hatte das für Auswirkungen auf unser Geschichtsbild? Im Bundestag gab es frühzeitig grundlegende politische Aussprachen voller Hoffnung auf die neue europäische Chance. Dabei war sogar schon von unserem Weg zu einer «Nation Europa» die Rede. Es war der Sozialdemokrat Carlo Schmid, der damit eine tiefe Erwartung ausdrückte, mehr zu erreichen als einen bloßen Zusammenschluss, einen Verband von Staaten. Notwendig sei es, eine wirklich geschichtsmächtige politische Kraft zu werden, eben die «Nation Europa». Es galt, endlich die verheerende Seuche des Nationalismus zu überwinden, die uns in ein halbes Jahrhundert zerstörerischer Weltkriege geführt hatte.

Die Geschichte hat uns dann zweifellos auf einen ganz neuen Weg gebracht, aber auf einen anderen. Die Nationen lernten, ihre schweren Fehler hinter sich zu lassen. Es gelang ihnen zugleich, ihre heimatlichen Wurzeln zu schützen.

Die Bindung der Bürger an das eigene Land, die eigene Nation bleibt also bestehen. Die EU konnte und sollte schließlich auch nicht auf Kosten dieser vernünftigen und notwendigen heimatlichen menschlichen Lebensgrundlagen entstehen. Aber dank der historisch einzigartigen Souveränitätsverzichte der europäischen Nationalstaaten sind wir nun auch zu Hause etwas Neues geworden. Wir sind jetzt postklassische Nationalstaaten, denn wir gehören einem neuartigen supranationalen Gebilde an, mit gemeinsamen Kompetenzen seiner Mitglieder. Und dennoch sind wir immer noch Nationen und wollen es auch weiterhin bleiben.

Die EU ist aus der Einsicht herangewachsen, dass wir unsere zentralen Staatsaufgaben, nämlich Sicherheit und sozialen Schutz für die Bürger, mit nationalen Alleingängen nicht ausreichend gewährleisten können. Einen vergleichbaren Ansatz hat es bisher nirgends in der Welt gegeben. Umso mehr gilt unserem Weg die Aufmerksamkeit rings um den Globus.

Je sicherer wir uns in Europa fühlen, desto weniger werden wir uns von neuem national einigeln, was ohnehin nur zu unserem eigenen Schaden oder dem unserer Nachbarn gereichen würde.

Alle Schritte in Richtung auf die Europäische Union waren

seit dem Zweiten Weltkrieg nicht nur praktisch, ökonomisch, sondern historisch-politisch begründet. Die Montanunion galt eben nicht allein dem Ziel, die Kohle- und Stahlindustrie zu vereinen, sondern sie wurde 1951 geschaffen, um künftige nationale, gegeneinander gerichtete Aufrüstungsmaßnahmen zu unterbinden.

Für eine Vereinigung unserer Sicherheitspolitik mit ihren dafür notwendigen Instrumenten, also den Streitkräften, hatten wir Deutschen es wiederum eiliger als die anderen fünf europäischen Gründungspartner, vor allem als die Franzosen. Dies zeigte sich vor allem bei dem Anlauf zu einer «Europäischen Verteidigungs-Gemeinschaft». In Paris wollte man zu Beginn der fünfziger Jahre die eigene Sonderposition als Nuklearmacht, bekräftigt durch den Sitz als ständiges Mitglied im UN-Sicherheitsrat, für sich behalten, beides dagegen nicht europäisch vergemeinschaften. Dennoch ist Frankreich jetzt nach Jahrzehnten als aktives Mitglied in die NATO zurückgekehrt.

In der Europäischen Gemeinschaft ging es jedoch schon früh umso tatkräftiger auf wirtschaftlichem Gebiet voran. War zunächst nur eine Zollunion geschaffen worden, so beschritt man später erfolgreich den Weg zum Binnenmarkt. Er gedieh zu einer weltpolitisch ganz außerordentlichen Leistung. Mein größter Respekt galt dabei stets dem späteren Präsidenten der neugeschaffenen Europäischen Kommission in Brüssel, dem Franzosen Jacques Delors, der diesen Prozess in den achtziger Jahren maßgeblich steuerte. Die Agrarpolitik war schon lange integriert; die vier Freiheiten waren bereits vereinbart: die ungehinderte Mobilität für Personen, Güter, Dienstleistungen und Kapital. All das ergab weit mehr als nur das System einer bloßen Freihandelszone.

Der Binnenmarkt wurde durch die gemeinsame europäische Außenhandelspolitik repräsentiert. In der Welthandelsorganisation wird die EU durch eine gemeinsame Stimme vertreten. Innerhalb des Binnenmarktes unterliegt der Wettbewerb einer zentralen Lenkung und Kontrolle. Ein allgemeines europäisches Rechtsregelwerk entstand, der sogenannte «acquis communautaire». Es gab seit 1953 den sehr aktiven Europäischen Gerichtshof. Seine Entscheidungen sind innerhalb der Mitgliedsländer verbindlich.

Der rasch wachsende Erfolg des europäischen Binnenmarktes, des weltgrößten Wirtschaftsraumes, führte in den neunziger Jahren des 20. Jahrhunderts unausweichlich zur Herausforderung, neue Länder aus Europa zur Mitgliedschaft einzuladen oder, genauer gesagt, ihrem Verlangen nach Aufnahme zu entsprechen.

Aufgrund dieser Entwicklung legte sich die EU auf wirtschaftliche und vor allem auch auf politische Voraussetzungen für die Aufnahme neuer Mitglieder fest. Das waren die sogenannten Kopenhagener Kriterien aus dem Jahr 1993. Zu den vereinbarten Bedingungen zählen Demokratie, eine unabhängige Justiz, Menschenrechte und Schutz für Minderheiten.

Bald geriet die EU nun in einen Zwist zwischen zwei Aufgaben. Beide waren für sie von elementarer Bedeutung. Zugleich waren beide nur schwer erreichbar. Und beide hängen miteinander eng zusammen. Die eine Aufgabe nennen wir üblicherweise die «Vertiefung» der EU. Gemeint ist die nachhaltige Verbesserung unserer gemeinsamen europäischen Handlungsfähigkeit. Solange aber entscheidende europäische Positionen nach innen und außen nur einstimmig beschlossen werden können, fehlt allzu oft die kraftvolle europäische Stimme. Denn Einstimmigkeit bleibt bei der großen Anzahl der Mitglieder ein

schwer erreichbares Ziel. Das wichtigste Beispiel dafür sind
die Entscheidungen in der Außen- und Sicherheitspolitik.

Je mehr die Mitgliederzahl der EU wächst, desto dring-
licher wird es, das Hindernis der Einstimmigkeit zu überwinden. Je mehr Mitglieder wir haben, desto unterschiedlicher
sind oft die Stimmabgaben.

Die andere Aufgabe betrifft aber genau unser Interesse an
der Aufnahme neuer Mitglieder. Das Ende des Kalten Krieges
hatte die Staaten des ehemaligen Warschauer Paktes alsbald
gedrängt, rasch Mitglieder der westlichen Systeme zu werden,
also der NATO und der EU. Es entsprach nun nicht nur dem
westlichen Interesse, sondern auch der Verantwortung für ein
fortdauerndes friedliches Zusammenleben in Europa, diesen
Aufnahmewünschen zu entsprechen.

Wir hatten in der alten EU weder die Zeit noch die Kraft,
uns zunächst rasch auf notwendige Verträge über die Vertiefung vor der Aufnahme neuer Mitglieder zu einigen. Wir sind
als EU-Partnerländer nach wie vor Nationen. Die demokratischen Diskussionen werden zu Hause geführt. Gewählt werden Regierungen in der eigenen Nation. Europa wird vom sogenannten Europäischen Rat geführt. Dessen Mitglieder aber
sind eben diese zu Hause gewählten nationalen Regierungen.
Sie müssen sich zu Hause gegen eine gewachsene Abneigung
durchsetzen, altgewohnte nationalstaatliche Kompetenzen an
undurchsichtig wirkende europäische Instanzen abzutreten,
also nach «Brüssel».

Wir wollten den geschichtlichen Veränderungen in Europa
und insbesondere der Rolle gerecht werden, die unsere östlichen Nachbarn dabei gespielt hatten. Wir konnten und
wollten uns gegen entsprechende Beitrittswünsche neuer
Mitglieder nicht wehren. Dadurch traf aber die große Erweite-

rungswelle auf eine Europäische Union, die ihre Hausaufgaben für eine Vertiefung noch nicht erledigt hatte. Unser gegenwärtiger Zustand in Europa zeigt jedoch, dass es in Wahrheit die Fortschritte in der Erweiterungspolitik selbst waren, die ihrerseits den notwendigen Rückenwind für die dringend erforderlichen Vertiefungsaufgaben mit sich bringen. Das jüngste und wichtigste Beispiel dafür bietet die Gleichzeitigkeit der großen Erweiterung des Jahres 2004 mit der Vorlage des Entwurfs zu einer europäischen Verfassung.

Das weitere Schicksal dieses Entwurfs befindet sich nach seinem Fehlstart in den beiden zum europäischen Gründungskreis gehörenden Ländern Frankreich und Niederlande nun auf dem Weg zum zweiten Anlauf. Der Lissabonner Vertrag von 2007 kann mit seinen Regeln auf behutsame Weise einen dringend notwendigen Impuls für unsere europäische Handlungskraft erzeugen.

Die Aufnahme von zehn neuen Mitgliedern zum 1. Mai 2004 wird immer wieder als Osterweiterung beschrieben. Das ist einerseits geographisch naheliegend, andererseits aber politisch missverständlich. Die Begriffe Ost und West werden von Land zu Land oft recht unterschiedlich benutzt. Einst erlebte ich das anschaulich bei einem Besuch in den Niederlanden. Die Schüler wollten wissen, wie wir Deutschen zur Teilung Europas stehen. In ihrer Wahrnehmung hatte sich mit der Überwindung der deutschen Teilung nicht der Osten nach Westen verschoben. Vielmehr war für sie schon mit der Entstehung der westdeutschen alten Bundesrepublik der Westen, also der Westen als Demokratie, weiter nach Osten gerückt. Für sie wirkte bereits die ursprüngliche Europäische Gemeinschaft der Sechs als eine Osterweiterung.

Und wir sprechen ja auch bei der deutschen Vereinigung

ganz gewiss nicht von einer deutschen Erweiterung nach Osten. Am Stichtag der Erweiterung der EU um zehn neue Mitglieder kam es also nach unserem historischen Verständnis zu einer Abrundung Europas.

Unser Kontinent war in seiner Mitte auseinandergebrochen. Nun wächst er von seiner Mitte her wieder zusammen. Vor allem für uns Deutsche hat dieses Datum des 1. Mai 2004 dadurch eine wahrhaft geschichtliche Bedeutung.

Wir liegen in der Mitte unseres Kontinents. Wir haben neun Nachbarländer. Nur die Riesenreiche China, Russland und Brasilien haben mehr Nachbarn als wir. Deshalb hat im Lauf der Jahrhunderte unsere Geschichte nie uns Deutschen allein gehört. Stets blieb sie geprägt durch Einwirkungen von außen nach innen wie auch umgekehrt. Unsere Wiedervereinigung haben wir – nach allen Erfahrungen folgerichtig – niemandem aufgezwungen, sondern mit dem Einverständnis Europas erreicht. Heute fürchtet sich daher kein Nachbar mehr vor uns, und auch wir fühlen uns von keinem unserer Nachbarn bedroht. Indem wir unseren friedlichen Platz in der Mitte Europas gefunden haben, ist die so lange offene deutsche Frage beantwortet.

XXVIII

Unsere Geschichte geht weiter

Der französische Historiker und Religionswissenschaftler Ernest Renan hielt 1882 eine berühmt gewordene Rede über die Frage, was eine Nation sei. Sein Kernsatz lautete, eine Nation sei ein «plébiscite de tous les jours», eine tägliche Volksabstimmung. Sie ist also immer im Wandel.

Das Beispiel einer geteilten Nation, wie sie unser jüngstes deutsches Schicksal war, hat Renan nicht gekannt. Aber gerade auch für uns heute bleibt sein Gedanke voller Bedeutung. Der Wandel ist offenkundig: Wir wurden durch die Spaltung mit einer schweren Herausforderung konfrontiert, gleichsam mit einem Angriff auf die Fortexistenz dessen, was zuvor nach langer Zeit bei uns schließlich zu einer Nation zusammengewachsen war. Nunmehr ist die Einheit wiedergewonnen. Das Grundgesetz – in der Fassung, die es durch den Einigungsvertrag erhalten hat – spricht sogar davon, die Einheit und Freiheit Deutschlands seien «vollendet». Eine kühne Sichtweise! Denn die Entwicklung geht weiter, an jedem Tag von neuem. Täglich stehen wir vor neuen Herausforderungen, vor neuen Fragen an uns Deutsche als Nation. Die Wortwahl der amerikanischen Verfassung ist vorsichtiger – und zugleich ambitionierter: «We, the people ... in order to form a more perfect Union ...» So steht es dort seit 1787 und so gilt es jeden Tag.

Unsere Einheit ist nicht perfekt und nicht abgeschlossen. Das Plebiszit geht an keinem Tag einstimmig aus. Durch die Gesellschaft ziehen sich Trennlinien, alte und neue. Manche verblassen schnell, andere halten sich hartnäckig. Wenn man sie kennt, kann man sie überwinden. Das bedeutet nicht, dass sie verschwinden, sondern dass ihnen zum Trotz gemeinsame Entschlüsse und gemeinsames Handeln möglich sind.

Anforderungen stellen sich in hohem Maß von innen und außen. Im eigenen Land gilt dies zum Beispiel für das Altern und den zahlenmäßigen Rückgang der Bevölkerung, für die Integration von Einwanderern, für den Erhalt der Arbeitsplätze und der sozialen Sicherungssysteme. Nach außen lassen sich die dringendsten Aufgaben nicht mehr allein national lösen.

Internationales Tätigwerden braucht aber unsere deutschen – bei weitem nicht nur finanziellen – Beiträge. Belastungen der Umwelt kennen keine Grenzen. Die Finanzwelt hat sich überall der nationalen Kontrolle entzogen – schwerste Krisen sind die Folge. Die Wirtschaftspolitiken der großen Staaten haben gegeneinander gewirkt und gewaltige Ungleichgewichte geschaffen. In der Europäischen Union treffen Gemeinschaftsaufgaben immer wieder auf gemeinschaftsbehindernde nationale Protektionismen. Unsere Lebensgrundlagen unterliegen einer fortschreitenden Globalisierung, die unsere Situation und unsere Aufgaben ständig verändert.

XXIX

Europas Aufgaben in der Welt

Die Richtung für unsere künftigen Aufgaben als Deutsche können und wollen wir nur im europäischen Kontext finden. Mit unserer Bevölkerungszahl und unserer Wirtschaftsleistung sind wir europäisch das größte Mitgliedsland. Dies sind heute andere Größenverhältnisse als in der Zeit der deutschen Teilung, als die Bundesrepublik als Mitglied der damaligen Europäischen Gemeinschaft zahlenmäßig ungefähr das gleiche Gewicht wie Frankreich, Großbritannien und Italien besaß. Dennoch hat die nun eingetretene Gewichtsveränderung kein neues Unbehagen ausgelöst. Wir haben und suchen als Deutsche keinen Vorrang. Zugleich aber haben größere EU-Länder ein größeres Gewicht und vor allem eine größere europäische Verantwortung. In der bisherigen Geschichte der Europäischen Union haben immer wieder die Franzosen eine wegweisende Position innegehabt. Wie seit der Gründungszeit, so bleibt es auch in der Gegenwart unser deutsches Interesse, mit Frankreich eng zusammenzuarbeiten.

Eine entscheidende Grundlage für eine gemeinsame europäische Währungspolitik schufen frühzeitig und gemeinsam in den siebziger Jahren der französische Präsident Valéry Giscard d'Estaing und Bundeskanzler Helmut Schmidt. Später ergriffen der französische Präsident François Mitterrand und Bundeskanzler Helmut Kohl die Initiative zur Errichtung der Europäischen Zentralbank in Frankfurt am Main und zur Einführung des Euro als gemeinsamer Währung.

Auf dem Weg zur gemeinsamen Außen- und Sicherheitspolitik sind wir hingegen noch lange nicht am Ziel. Nach wie vor verfügt in diesem Bereich jedes Mitgliedsland über ein Vetorecht. So hat es in der jüngsten Vergangenheit auch schon einmal an rechtzeitiger gemeinsamer Beratung gefehlt, was sich als schwerer Fehler erwies: Diese klassische schlechte Erfahrung war das europäische Verhalten vor Ausbruch des Irakkrieges 2003. Niemand lud damals die EU-Mitglieder zur gemeinsamen Erörterung nach Brüssel ein. Stattdessen profilierten sich zwei entgegengesetzte Positionen, jeweils unter Führung von London und von Paris, mit lautstarken Wortmeldungen in Washington. Der damalige amerikanische Präsident George W. Bush hatte zu dieser Spaltung in Europa mit seiner Politik des Unilateralismus, also des einseitigen aggressiven Verhaltens, maßgeblich beigetragen. Sein Verteidigungsminister Donald Rumsfeld steigerte diese Tendenz noch durch hochnäsige Kommentare über zwei streitige Lager in Europa, die er gegeneinander aufreizte: das sogenannte «alte» und das «neue» Europa stünden angeblich gegeneinander. Nichts war für das transatlantische Verhältnis so schädlich wie seine Sprache von einer neuen «alliance of the willing». Was hätte der Begriff der Allianz noch für einen Sinn, wenn sie zur Hälfte aus unwilligen Partnern bestünde?

Auf beiden Seiten des Atlantik hat man seither daraus gelernt. Die neue amerikanische Regierung unter Präsident Barack Obama bekennt sich nachdrücklich zu einer wirklichen Zusammenarbeit. Für uns innerhalb der EU bleibt die

Suche nach Wegen für rasche außen- und sicherheitspolitische Beschlussfassungen zwar unverändert eine vorrangige Aufgabe. Der Entwurf für den Lissabonner Vertrag geht dabei in die richtige Richtung. Dennoch müssen wir auch schon zuvor ständig handlungsfähig sein. Aber wie? Sollen wir eine Politik mehrerer Geschwindigkeiten suchen? Sollte so ein Weg zu einem Kerneuropa führen? Auch dafür bedürfte es dann wieder eigener neuer Regeln, die sich nicht rasch vereinbaren ließen. Hier plädiere ich für Vorsicht vor übertriebenen Erwartungen.

Dass größere Mitgliedsländer nicht nur ein großes Interesse, sondern auch eine besondere Verantwortung für eine klare europäische Stimme haben, erleben wir immer wieder. Es kommt dann darauf an, rasch eine Position zu beziehen. Beispiele der jüngsten Zeit dafür sind die Kaukasuskrise rund um Georgien im Sommer 2008 und nun erst recht die Weltfinanzkrise der allerjüngsten Zeit. Wann immer, wie im Fall Georgiens, die Ratspräsidentschaft alsbald für Europa spricht, in diesem Fall durch den französischen Präsidenten Nicolas Sarkozy mit klarem Rückenwind aus Berlin, geschieht dies im Namen der EU. Die Mitglieder folgen, ohne dass zuvor noch vertragliche Regeln für ein Handeln mit mehreren Geschwindigkeiten verabredet werden konnten.

Für solchen Erfolg gibt es gewiss keine Garantie. Es kann ja auch Streit unter führenden EU-Mitgliedern geben. Ein Beispiel ist die frühzeitige französische Reaktion auf die Weltfinanzkrise, als Paris mit unverzüglicher Renationalisierung der französischen Automobilindustrie reagieren wollte, im klaren Verstoß gegen die Regeln des europäischen Binnenmarktes.

Dennoch wird immer wieder eine europäische Position notwendig und zumeist auch möglich sein, bevor wir uns über neue und bessere vertragliche Verabredungen für eine gemeinsame Außenpolitik geeinigt haben werden. In der Finanzkrise ist es ja auch auf die europäische Initiative zurückzuführen, dass die zunächst zögernden Amerikaner dann doch nicht nur den gewohnten kleinen Kreis, sondern die zwanzig großen Volkswirtschaften an einen Tisch gebracht haben.

Ein anderes positives europäisches Beispiel ist der Klimaschutz. Hier geht es um die Verbindung von ehrgeizigen Klimaschutzprogrammen mit einer Belebung der Konjunktur inmitten der Wirtschaftskrise. Klimaschutz bedarf rascher technischer Fortschritte. Hier werden keine Arbeitsplätze gefährdet, sondern neue geschaffen. Klimaschutz ist ein Konjunkturprogramm. Und es ist ein Signal aus Europa für die Welt.

Neben der vielfach bewährten französisch-deutschen Zusammenarbeit müssen wir in Europa unsere Aufmerksamkeit besonders jenen Mitgliedsländern widmen, die gerade wegen ihrer früheren schweren außenpolitischen Belastungen am Ende des Kalten Krieges so rasch wie möglich den Beitritt in die NATO und in die EU suchten. Markante Beispiele dafür sind Polen, Tschechien und die baltischen Republiken in ihrer Nachbarschaft zu Russland.

Es ist notwendig für uns alle, die östlichen Erfahrungen dieser Länder gründlich zu verstehen. Sie suchen Schutz. Zugleich geht es für sie und für uns alle miteinander in der EU um die Einsicht, dass eine Verweigerung der Zusammenarbeit mit Russland oder gar eine veritable Abkapselung gegen den Osten gerade nicht einen wirklich soliden Schutz erzeugt. Im Gegenteil: Es würde nur frühere Erfahrungen verewigen, anstatt mit Hilfe aller europäischen Partner neue Brücken zu bauen, die in unserem ureigenen Interesse liegen. Wir haben im Kalten Krieg ja schon die Erfahrung gemacht, dass es die

Entspannungspolitik des Westens gegenüber der Sowjetunion war, die den Westen gestärkt hat.

Russland ist ein Riesenreich mit gewaltigen Bodenschätzen und mit einer wechselvollen Geschichte, von der bereits ausführlich die Rede war. Es ist durch einige ständige Unruheherde im eigenen Land schwer zu regieren. Demokratie, Meinungsfreiheit und Rechtsstaat leiden. Auch hat Moskau in seinem Verhältnis zu den Staaten, die einst zur Sowjetunion gehörten, noch nicht zu der notwendigen entspannten Nachbarschaft gefunden.

Mit Indien und China strebt Russland nach sicherheits- und energiepolitischen Verabredungen. Bei allem suchen die Russen ihre unabhängige Rolle in der Weltpolitik ohne beständigen Partner zu bewahren. Sie sind eine starke Macht, die ihre Interessen allein vertreten und als Gegenwicht zu unipolaren Tendenzen in der Welt zur Wirkung bringen will und kann.

Russland strebt die Mitgliedschaft in der Welthandelsorganisation an. Dabei ist für Moskau vor allem die EU der wichtigste Handelspartner. Abgesehen von unseren eigenen Exporten nach Osten ist unser wichtigstes wirtschaftspolitisches Thema mit Russland die Energieversorgung. Wir bewegen uns langsam, noch viel zu langsam auf eine gemeinsame europäische Energiepolitik zu. Hier wird eine gebündelte europäische Interessenvertretung immer nachdrücklicher zu einem zentralen Bestandteil unserer politischen Union heranwachsen müssen.

Wir werden nicht aufhören, in Russland auf die allgemeinen Menschenrechte und auf eine faire Handelspraxis hinzuwirken. Auch werden wir weiterhin die früheren Erfahrungen unserer eigenen östlichen EU-Mitgliedsländer stets im Auge behalten. Andererseits ist zuviel westliche Selbstgerechtigkeit in welcher Hinsicht auch immer fehl am Platze. Die Einbeziehung Russlands in die Weltpolitik und in den Welthandel liegt in unserem Interesse und schafft für uns selbst mehr Ruhe als Abgrenzung. Russland ist kein Feind.

Unsere besondere Aufmerksamkeit gilt gegenwärtig einer neuen transatlantischen Initiative zur Rüstungskontrolle und Rüstungsverminderung. Dafür ist die von der neuen amerikanischen Regierung nachhaltig unterstützte Wiederaufnahme des eingeschlafenen NATO-Russland-Dialogs ein dringend notwendiger Fortschritt. Es geht um die großen Kernthemen der nuklearen Rüstung und Abrüstung, um die Obergrenzen der Zahl der Interkontinentalraketen, um das Abkommen zur Verhinderung von Atomwaffentests überall, um einen Produktionsstopp für spaltbares Material und um die Begrenzung von konventionellen Rüstungen.

Bisher sind die Kernwaffenstaaten ihrer vertraglichen Verpflichtung nicht nachgekommen, ihre Waffenbestände generell zu vermindern. Vor kurzem kam es aber zu einer wahrhaft weitreichenden neuen Initiative aus Amerika mit dem Ziel, ganz allgemein und Schritt für Schritt die globale Abschaffung atomarer Bewaffnung anzusteuern. Nach einem starken und positiven deutsch-amerikanischen Echo suchen wir nun nach verantwortlichen russischen Gesprächspartnern für dieses große Ziel. Wir sind noch weit vom Ziel entfernt. Aber die Blickrichtung hat sich gegenüber den vergangenen Jahren endlich deutlich geändert. Dies folgt der Einsicht, dass eine Verstärkung der gegenwärtig noch vorherrschenden Tendenz zur nuklearen Anarchie immer lebensbedrohlicher für die ganze Welt werden kann.

Daher nähern sich auch die westliche und die russische Politik bei der Entwicklung einer gemeinsamen Iranpolitik einander an. Der Iran ist ein großes schiitisches Land mit einer alten Kultur. Er gehört weder zur arabischen Welt noch zum arabischen Subkontinent, auch nicht zu seinen nördlichen Nachbarn aus dem ehemals großrussischen Reich. Zugleich ist er von Kernwaffenmächten umgeben: Israel, Russland, Pakistan und Indien sowie die amerikanische Besatzungsmacht im Irak. Er hat also auch eigene Sorgen der Sicherheit. Verständlicherweise sucht er technologische Fähigkeiten und nicht zuletzt Lebensperspektiven für seine überaus große, gut ausgebildete, im Durchschnitt sehr junge Bevölkerung.

Niemand bestreitet Teheran das Recht auf friedliche Nutzung der Kernenergie. Die aberwitzigen antisemitischen Sprüche seines Präsidenten Ahmadinedschad gegenüber Israel provozieren aber die gesamte Region. Die Gefahr einer iranischen Nuklearbombe trifft auf gemeinsamen und entschlossenen Widerstand in den USA und Europa, in Moskau, in der Türkei und dem ganzen Nahen und Mittleren Osten. Die Suche nach einem richtigen gemeinsamen Weg zur Überwindung dieser Gegensätze dauert an.

Ins Zentrum der Bemühungen gehören für uns Europäer die Aufgaben unserer Nachbarschaftspolitik, auch jenseits der sicherheitspolitischen Herausforderungen. Wir selbst haben das lebhafteste Interesse an politisch und wirtschaftlich halbwegs stabilen Verhältnissen in den angrenzenden Regionen. Dabei können unsere Initiativen zweifellos nicht in einer ständig fortgesetzten EU-Erweiterungspolitik liegen.

Im Vordergrund unseres Interesses stehen neben Serbien und der Ukraine der Mittelmeerraum und der Nahe und Mittlere Osten. Einerseits gibt es eine ungebrochene Anziehungskraft Europas für die Nachbarn von Nordafrika bis zum Schwarzen Meer. Diese Attraktivität zählt zu den Stärken der

EU. Andererseits sind wir tief in die gewachsenen Spannungen dieser Regionen verstrickt. Von zentraler Bedeutung für uns ist hierbei unsere Beteiligung an der Seite Amerikas bei der Existenzsicherung Israels. Dessen Stabilität gelingt aber auf die Dauer nicht allein durch seine militärische Vormachtstellung, sondern nur mit Hilfe einer Klärung der offenen Fragen zwischen Israel und denjenigen Nachbarländern, mit denen es bisher keine Vereinbarungen gibt. Absolut vordringlich ist die Begründung eines palästinensischen Staates mit einer sicheren Zukunft. Sodann ist eine Verhandlungslösung zwischen Syrien und Israel nötig und auch möglich. Syrien ist kein «Gottesstaat». Es hat ein Interesse weder an der Machterweiterung des Iran noch am Aufbau eines islamistischen Fundamentalismus bei sich zu Hause. Die dritte Aufgabe in dieser Region ist die Stärkung der libanesischen Unabhängigkeit.

Für uns Europäer ist nun einmal ein stabiles Verhältnis mit dem Islam von vitaler Bedeutung. Nicht Amerika, sondern wir Europäer leben in unserer ganzen Nachbarschaft im Süden und Südosten in muslimischer Umgebung. Es sind 1,5 Milliarden Muslime um uns herum. Unter uns in Europa leben über 15 Millionen Muslime. Während die Weltbevölkerung ständig wächst, geht die europäische Entwicklung in die umgekehrte Richtung. Wir werden in stark zunehmendem Maß ein Einwanderungsgebiet, primär für Muslime.

Zugleich stehen wir in heftigen Auseinandersetzungen mit Terroristen, die einem pervertierten Bild des Islam anhängen. Der 11. September 2001 war ein schwerer Schock für Amerika, dessen Tiefe wir gar nicht ernst genug nehmen können. Zugleich wurde er aber auch zu einem Unheil für das Ansehen der großen und würdigen Weltreligion Islam.

Umso wichtiger ist es, sich keinen pauschalen Urteilen hinzugeben. Die Amerikaner haben sich zwar mit eindrucksvoller Kraft gegen die terroristischen Angriffe auf ihr Land zur Wehr gesetzt. Zugleich widersprechen sich hier aber nicht selten die transatlantischen Deutungen. Oft wird jenseits des Atlantiks ohne Unterschied von Islam und Islamisten gesprochen. In den USA kam vereinzelt schon die abwegige Rede von einem Islamfaschismus auf.

Aber schon der in Amerika vom Politikwissenschaftler Samuel Huntington prognostizierte «clash of civilizations» findet nach unserer Erfahrung nicht nur zwischen, sondern vor allem auch innerhalb von Religionen statt. Die bei weitem überwiegende Anzahl von Muslimen wendet sich mit Nachdruck gegen Terror, zumal wenn dieser sich islamistisch begründet.

Gewalt ist, besonders wenn sie sich religiös begründet, ein umso schwereres Unheil. Jahrtausende haben uns dies grausam gelehrt, nicht zuletzt auch auf christlicher Seite. Umso mehr geht es uns mit allem Nachdruck um den Dialog der Kulturen. Nichts dürfen wir uns in Europa weniger erlauben als eine Entfremdung zwischen uns und unseren Nachbarn und Zuwanderern aus dem Bereich der islamischen Religion und ihren Regionen.

Bei den ungelösten schweren Aufgaben der transatlantischen westlichen Welt gegenüber dem Nahen und Mittleren Osten steht gegenwärtig Afghanistan im Zentrum. Dort führt die NATO nach wie vor ihre Einsätze aufgrund eines Mandats des UNO-Sicherheitsrats durch. Dazu war es gekommen, weil damals der Al Qaida-Terrorismus im Wesentlichen von dort ausging.

Die inzwischen eingetretene Lage hat immer neue Erfahrungen zu Tage gefördert. In Wahrheit sind es jedoch alte Einsichten, die nur bestätigen, was jeder frühere militärische Vorstoß von außen nach Afghanistan hinein schon gezeigt hat. Keine auswärtige Macht hat seit dem Altertum dort je ihre Ziele erreicht. In unserer Zeit wird diese Erfahrung durch zweimalige britische Feldzüge und durch die sowjetische Invasion bekräftigt. Die gewaltigen landschaftlichen Hindernisse durch die Gebirge sind schwer zu überwinden. Unterschiedliche Volksgruppen, örtliche Stämme, regionale mächtige Herrscher, Korruption, Drogenhandel, schwache Regierungen, religiöse und/oder terroristische Fanatiker, die gewachsene Verflechtung der Probleme mit Westpakistan: dies alles dämpft nachhaltig die Erwartungen, dass Volkswahlen in Afghanistan, die wir ja unterstützen, die Probleme wirklich lösen werden. Der neue amerikanische Präsident Obama hat Afghanistan zur Schwerpunktaufgabe erklärt. Zugleich spricht er spürbar vorsichtig über die Aussichten militärischer Erfolge. Empfohlen wird der Versuch zum konstruktiven Kontakt mit gesprächsbereiten Taliban-Islamisten. Einen Schwerpunkt soll die Beratung mit allen afghanischen Nachbarländern bilden.

Vor geraumer Zeit haben wir Gespräche mit der Türkei über ihr Verhältnis zur EU eröffnet. Auch dies ist eine Probe aufs Exempel. Ob daraus eine Mitgliedschaft oder eine andere Art der Zusammenarbeit entsteht, das wird sich zeigen. Wir verhandeln behutsam und durchaus ergebnisoffen. Keine der beiden Seiten darf von vornherein ein bestimmtes Resultat ausschließen. Wer kommt, um nur über einen Beitritt oder nur über seinen Ausschluss gesprächsbereit zu sein, lädt die andere Seite aus, bevor der Kontakt überhaupt beginnt. In jedem Fall sind die Verhandlungen für unser ganzes Verhältnis zur islamischen Welt von großer Bedeutung.

Gegenwärtig blicken wir in der Türkei voller Aufmerksamkeit auf Reformbewegungen sowohl innerhalb der islamischen Mehrheitspartei wie auch auf der säkularen kemalistischen Seite. Für die Fortschritte zu einer Verständigung bei allen wichtigen Fragen im Nahen und Mittleren Osten sind Beiträge der türkischen Seite von unverzichtbarem und wachsendem Wert.

Das Verhältnis des Westens zu China ist gegenwärtig stark von der Weltfinanzkrise geprägt. Beide Seiten, Amerika und China, haben in ihrer seltsamen ökonomischen Arbeitsteilung dazu beigetragen. In der amerikanischen Gesellschaft wird traditionell seit vielen Jahren nicht gespart. Zum Ausgleich werden die Ersparnisse anderer Teile der Welt als Kredite aufgenommen. Daran ist China maßgeblich beteiligt. Es kam zu keinem Kollaps, weil China die entsprechenden amerikanischen Staatsanleihen kaufte und zugleich den eigenen Export nach Amerika durch eine unterbewertete eigene Währung förderte. Beides hatte wesentlichen Einfluss auf die Weltfinanzlage.

Ohne auf die weitere Entwicklung dieses Beziehungsgeflechts näher einzugehen, stellt sich jenseits der aktuellen Situation in einem tieferen Sinn die Frage, wie sich ganz langfristig die Beziehungen zwischen China und der westlichen Welt gestalten werden. Die chinesische Führung verfolgt konsequent zwei Ziele, nämlich eine ständige ökonomische Leistungssteigerung, ohne auf der anderen Seite den zentralen politischen Führungsanspruch im Geringsten zu mindern. Der Weg der Sowjetunion nach 1985, nämlich ökonomische Reformprozesse auf Kosten der absolutistischen politischen Führung, gilt in China als abschreckendes Beispiel.

Die Leistungsfähigkeit der chinesischen Wirtschaft bedarf aber großer Fortschritte in der Wissenschaft und Technik, der

Ausbildung und Weltkenntnis, der Einsichten in die globalen Konkurrenzverhältnisse. Studium und Auslandskontakte werden in großem Ausmaß benötigt und gefördert.

Die heimatlichen Betriebe sind außerordentlich leistungsfähig. Dort bildet sich nun in wachsendem Maß ein Bedarf an Rechtssicherheit, an Schutz für die eigenen Aktivitäten, also nach wahrnehmbaren Schritten in eine sich bildende und verstärkende Rechtsordnung. Dem Wunsch nach sich steigernder wirtschaftlicher Leistungsfähigkeit von oben begegnet also die Anstrengung der Menschen aus der Gesellschaft heraus, quasi ihre Menschenrechte von unten her zu stärken. Zugleich steigert sich das Bedürfnis der ungezählten tüchtigen Menschen nach der Aussicht auf Erfolg und Chancen im eigenen Leben.

Jan Ross hat sich unlängst mit der Frage befasst, was uns in der westlichen Welt bei dem wachsenden globalen Wettbewerb mit den Chinesen an Werten bleibt. Zum einen nennt Ross das Verlangen nach einer funktionierenden goldenen Regel im Umgang miteinander: Man soll und will den anderen so behandeln, wie man selbst behandelt sein will, mit einem rechtlichen Schutz. Das andere ist die Suche der Tüchtigen nach der eigenen Lebenschance. Das ist «the pursuit of happiness», also die Förderung der Aussichten auf Glück im eigenen Leben, von der schon in der amerikanischen Unabhängigkeitserklärung von 1776 die Rede ist.

Die Chinesen haben ihren Konfuzius. Das kann uns im Umgang mit ihnen vor allem beeindrucken. Zugleich dürfen wir wahrnehmen, dass in den Bestrebungen der Menschen überall verwandte Ziele auftreten. Der Rechtsstaatsdialog, den zumal wir Deutschen seit geraumer Zeit mit Peking pflegen, kann dadurch auf die Dauer nur an Gewicht gewinnen, auch

wenn uns da noch so vieles trennt. Unsere westlichen Werte-
erfahrungen helfen uns im Gespräch mit China.

Im Zeitalter der Globalisierung wird es immer deutlicher,
dass Gewalt und Terrorismus nur dann zurückgehen, wenn
man ihren Ursachen zu Leibe rückt. An diese Ursachen hatte
aber die Welt aus Anlass der Gründung der Vereinten Nationen 1945 kaum gedacht, ja kaum zu denken vermocht. Aber
gerade hier muss es zu einer Weiterentwicklung, in Wahrheit
zu einer Reform der Vereinten Nationen kommen.

Damals, 1945, ging es um die Verhinderung eines dritten
Weltkrieges. Um dieses Ziel nicht zu verfehlen, wurde das ein-
zig wirklich handlungskräftige Gremium der UNO, nämlich
der Sicherheitsrat, mit den militärisch handlungsfähigen ständigen Mitgliedern bestückt.

Heute sind es die sozialen und die wirtschaftlichen Entwicklungen der Welt, das Bevölkerungswachstum, Armut,
Krankheit und Migration, die vordringliche gemeinsame
Pflicht zum Schutz der Natur und der Umwelt, die Wasserver-
sorgung, die global unkontrollierten und, wie sich gezeigt hat,
verheerend wirkenden Finanztransaktionen, für die es eines
weit stärkeren Einflusses der Vereinten Nationen bedarf. Die
Mehrzahl der globalen Aufgaben lässt sich eben gerade nicht
mit militärischen Mitteln lösen, die im Vordergrund der Debatten des Sicherheitsrates stehen. Die Tagesordnung und
Durchschlagskraft der UNO bedürfen dringend der Reform.

Es sind diese Bereiche, in denen die Stimme der Europäischen Union deutlich an Kraft und Gewicht zunehmen muss
und kann. Auch solange wir noch unterwegs auf der Suche
nach Mehrheitsentscheidungen im Europäischen Rat zu
außenpolitischen Fragen sind, gewinnen die Einflüsse aus
Europa an Macht und Selbstständigkeit.

XXX

Einheit – Freiheit – Europa

Als Deutsche stehen wir heute vor allen diesen Aufgaben.
Sie ergeben sich für uns aus der Globalisierung, mit unseren Partnern in der ganzen Welt, mit den Nachbarn unseres Kontinents und innerhalb unserer Europäischen Union.
Wir teilen sie im Osten und Westen unseres Landes. Umso
mehr werden wir ihnen gerecht, als wir den eigenen Weg
nach der Wiedervereinigung unseres Landes zu Hause
menschlich, gesellschaftlich und politisch mit Zuversicht weiter vorangehen. Dazu haben wir guten Grund. Denn entscheidend für die Überwindung der Teilung waren bürgerschaftliche Kräfte, die sich historisch wirkungsvoll entwickelten. Sie
waren es auch, die das politische und ideologische System
der DDR Schritt für Schritt schwächten, bis es am Ende zerbröckelte. Es waren die Bürger, die die Mauer überwunden
haben. Ihnen ist die entscheidende Kraft zu verdanken, die
den Kalten Krieg auf deutschem Boden zu seinem Ende
führte. An sie denke ich zuerst in unserer Geschichte des
Weges zur Einheit.

Die Aufgabe, nach vierzigjähriger Teilung übereinander
und voneinander zu lernen, ist auch zwei Jahrzehnte nach
der Wiedervereinigung nicht abgeschlossen. Die mit der Ein-

heit verbundenen Lasten sind immer noch gänzlich ungleich verteilt. Für Ostdeutsche kam es zu einem oft übermenschlichen Maß an Veränderungen. Ungezählte Bürger mussten beruflich umlernen. Die Arbeitslosigkeit ist permanent weit höher im Osten als im Westen. Zugleich gibt es sehr wohl viele eindrucksvolle Beispiele für die Fähigkeit zum Improvisieren im Osten.

Eine oberflächliche, kenntnislose Annahme westlicher Bürger vom grundsätzlich «falschen Leben» der Ostdeutschen in einem falschen System verstummt – endlich.

Es gibt sehr wohl diskussionswürdige Beispiele aus dem Osten für gesellschaftliche und politische Regelungen, mit denen sich der Westen nur ziemlich mühevoll beschäftigt: das System von zwölf Schuljahren; Alternativen zur Kostenexplosion im Gesundheitssystem, deren Ursachen nicht nur im Alterungsprozess der ganzen Gesellschaft liegen; die mittlerweile eindrucksvollen Infrastrukturfortschritte zum Beispiel bei den Renovierungen von Städten und Verkehrswegen im Osten. Am eindrucksvollsten aber bleibt für uns Deutsche das bürgerschaftliche Beispiel, das die Umwälzung von 1989 in der DDR und schließlich die Einheit erst möglich gemacht hat.

Deutschland habe nie eine Revolution gehabt, in der es gelungen sei, «den Begriff der Nation mit dem der Freiheit zu vereinen». So formulierte es Thomas Mann 1945 in seiner Rede «Deutschland und die Deutschen» in der Library of Congress in Washington. Dieser wahrhaft große Schriftsteller hat mit seinen vielfachen politischen Analysen zu unterschiedlichen Zeiten, von den «Betrachtungen eines Unpolitischen» über sein republikanisches Bekenntnis «Von deutscher Republik» bis hin zur besagten Rede in Washington stets anregende, dabei häufig umstrittene Thesen mit wechselnden eigenen Ansichten vertreten.

Gewiss, eine Revolution nach dem Modell von 1789 in Frankreich oder von 1917 in Russland gab es bei uns nicht. Was aber im Osten unter den diktatorischen Staatsbedingungen in der DDR bürgerschaftlich zum Ausdruck kam und am Ende zu Freiheit und Demokratie führte, werden wir in unserer wiedervereinigten Nation nicht vergessen. Es war eine Revolution der Freiheit.

Für uns Deutsche bleibt es bei dem Dreiklang, den wir schon der ersten großen Bürgerversammlung auf deutschem Boden in Hambach 1832 verdanken: Freiheit, Einheit, Europa. Dabei wissen wir, dass damals klar und deutlich hinzugefügt wurde: Wir suchen die Nation in Europa. Doch geht es stets zuerst um die Freiheit, niemals um eine Nation ohne Freiheit. Das war gerade auch den ostdeutschen Demonstranten im Herbst 1989, kurz vor dem Fall der Berliner Mauer, bewusst. Zugleich waren sie verbunden mit dem Geist der Bürger in unseren östlichen Nachbarländern, die seit der Gipfelkonferenz 1975 in Helsinki den Weg freiheitssuchender Bürgerschaften gegangen waren.

Nach dem Ende des Kalten Krieges schrieb der angesehene amerikanische Politikwissenschaftler Francis Fukuyama ein Buch unter dem Titel «Das Ende der Geschichte». Aber was er beschrieb, war vielmehr das Ende eines Kapitels der Geschichte vor dem Beginn eines neuen. Hierbei bleiben wir alle stets an die Mahnung von Renan erinnert und sollten nicht vergessen, was eine Nation ist: eine tägliche Abstimmung.

Unsere Wiedervereinigung als Nation und Staat erfüllt uns immer von neuem mit Freude und Dank. Doch gehen Aufga-

ben und Verantwortung weiter. Unser Weg zur inneren Einheit
schreitet voran. Um ihr Gelingen ringen wir jeden Tag. Zweier-
lei wird uns dabei auch künftig helfen: der Austausch unserer
persönlichen Erlebnisse und der Blick auf unsere lange gemeinsame Geschichte, in Deutschland und in Europa.

Gute Zukunft braucht klare Erinnerung.

Anhang

Rede vom 3. Oktober 1990

«In der Präambel unserer Verfassung, wie sie nun für alle Deutschen gilt, ist das Entscheidende gesagt, was uns am heutigen Tag bewegt:

In freier Selbstbestimmung vollenden wir die Einheit und Freiheit Deutschlands. Wir wollen in einem vereinten Europa dem Frieden der Welt dienen. Für unsere Aufgaben sind wir uns der Verantwortung vor Gott und den Menschen bewusst.

Aus ganzem Herzen empfinden wir Dankbarkeit und Freude – und zugleich unsere große und ernste Verpflichtung. Die Geschichte in Europa und in Deutschland bietet uns jetzt eine Chance, wie es sie bisher nicht gab. Wir erleben eine der sehr seltenen historischen Phasen, in denen wirklich etwas zum Guten verändert werden kann. Lassen Sie uns keinen Augenblick vergessen, was dies für uns bedeutet.

Es gibt drinnen und draußen drückende Sorgen; das übersehen wir nicht. Vorbehalte unserer Nachbarn nehmen wir ernst. Auch spüren wir, wie schwierig es sein wird, den Erwartungen gerecht zu werden, die uns aus allen Himmelsrichtungen erreichen. Aber wir wollen und werden uns nicht von Ängsten und Zweifeln leiten lassen, sondern von Zuversicht. Entscheidend ist der feste Wille, unsere Aufgaben mit Klarheit zu erkennen und gemeinsam in Angriff zu nehmen. Dieser Wille gibt uns Kraft, die Alltagssorgen ins rechte Verhältnis zu bringen mit unserer Herkunft und Zukunft in Europa.

Zum ersten Mal bilden wir Deutschen keinen Streitpunkt auf der europäischen Tagesordnung. Unsere Einheit wurde niemandem aufgezwungen, sondern friedlich vereinbart. Sie ist Teil eines gesamteuropäischen geschichtlichen Prozesses, der die Freiheit der Völker und eine neue Friedensordnung unseres Kontinents zum Ziel hat. Diesem Ziel wollen wir Deutschen dienen. Ihm ist unsere Einheit gewidmet.

Wir haben jetzt einen Staat, den wir selbst nicht mehr als provisorisch ansehen und dessen Identität und Integrität von unseren Nachbarn nicht mehr bestritten wird. Am heutigen Tag findet die vereinte deutsche Nation ihren anerkannten Platz in Europa.

Was dies heißt, erkennen wir an der Bedeutung von Grenzen. Kein europäisches Land hat so viele Nachbarn wie wir. Durch Jahrhunderte ist wegen der Grenzen Gewalt angewendet und unendlich viel Blut vergossen worden. Jetzt leben alle unsere Nachbarn und wir selbst in gesicherten Grenzen. Sie sind nicht nur durch den Verzicht auf die Anwendung von Gewalt geschützt, sondern durch die tiefe Einsicht in ihre veränderte Funktion. Unsäglich hart für die Menschen war der erzwungene Heimatverlust. Neuer Streit um Grenzen aber verliert jeden Sinn. Umso zündender ist das Verlangen, ihnen ihren trennenden Charakter zu nehmen. Alle Grenzen Deutschlands sollen Brücken zu den Nachbarn werden. Das ist unser Wille.

Die Gedanken der Französischen Revolution haben zusammen mit der Verfassungsentwicklung in Amerika und in Großbritannien die Grundlage der westlichen Demokratie geschaffen. Ein Konzept rechtsstaatlicher humaner Freiheit hat sich gebildet, das immer mehr zum Maßstab wurde. Es ist nicht auf Anhieb überallhin übertragbar. Wo immer sich aber der Drang nach politischer Freiheit, nach Leistungsfähigkeit und menschenwürdiger Sozialstaatlichkeit Bahn bricht – bis hinein in das Herz von Peking –, bilden Werte und Regeln westlicher Demokratien das Modell, an dem sich jeder misst.

Wir Deutschen hatten frühzeitig an der demokratischen Entwicklung Anteil. Und doch folgten wir ihr in der politischen Praxis nur halbherzig. Rechtsstaatlichkeit war bei uns aus eigenen Traditionen erwachsen. In den preußischen Reformen der napoleonischen Zeit wurde die kommunale Selbstverwaltung zur Quelle demokratischer Gesinnung. Im Zeichen der Paulskirche suchte das Volk Einigkeit und Recht und Freiheit. Es wollte durchaus die Einheit, die schließlich 1871 geschaffen wurde, war aber an den Entscheidungen nicht beteiligt. Immer wieder gab es die romantische Suche nach einem dritten Weg für die innere Ordnung Deutschlands und für seinen Platz in Europa. Aber es waren Illusionen. Auch die Weimarer Republik schaffte es nicht, eine lebensfähige Demokratie durchzusetzen.

Mit der Gründung der Bundesrepublik Deutschland verband sich zunächst die ernste Sorge, vom Westen her die Teilung Deutschlands zu verfestigen. Dennoch führte der Weg nicht wieder in eine Sackgasse. Zunächst durfte ihn nur ein Teil der Deutschen beschreiten. Heute jedoch können wir zusammen einen neuen Anfang machen. Die Vereinigung Deutschlands ist etwas anderes als eine bloße Erweiterung der Bundesrepublik. Der Tag ist gekommen, an dem zum ersten Mal in der Geschichte das ganze Deutschland seinen dauerhaften Platz im Kreis der westlichen Demokratien findet.

Dies ist für uns selbst wie für alle unsere Nachbarn ein Vorgang von fundamentaler Bedeutung. Er wird die Mitte Europas verändern. Wir werden maßgeblich daran beteiligt sein, im gemeinsamen Handeln mit unseren westlichen Partnern und in unseren Werten und Zielen fest mit ihnen verwachsen.

Inmitten unserer europäischen Nachbarschaften hatte uns das Schicksal in den letzten vierzig Jahren geteilt. Es hat die einen begünstigt und die anderen belastet. Aber es war und bleibt unser gemeinsames deutsches Schicksal. Dazu gehört die Geschichte und die Verantwortung für ihre Folgen. Die SED hatte eine Teilung zu verordnen versucht. Sie hatte gemeint, es genüge, sich als sozialistische Zukunftsgesellschaft zu proklamieren, um sich von der Last der Geschichte zu befreien.

Aber in der DDR hat man es ganz anders erlebt und empfunden. Die Menschen mussten dort die weitaus schwereren Kriegsfolgelasten tragen als ihre Landsleute im Westen. Und sie haben immer gefühlt, dass die verantwortliche Erinnerung an die Vergangenheit eine unentbehrliche Kraft der Befreiung für die Zukunft ist. Kaum war der erzwungene Sprachgebrauch verschwunden, stellten sie sich offen den Fragen der Geschichte.

Mit großer Achtung hat die Welt registriert, wie aufrichtig die freien Kräfte und zumal die Jugend in der DDR es als ihre Aufgabe ansahen gutzumachen, was das alte Regime der geschichtlichen Mitverantwortung schuldig geblieben war.

Der Besuch der Präsidentinnen beider frei gewählter deutscher Parlamente vor ein paar Monaten in Israel zum Gedenken an den Holocaust – diesem schrecklichsten aller Verbrechen – hat dort einen tiefen Eindruck hinterlassen. Er symbolisiert die Gemeinsamkeit der Deutschen gerade auch in ihrer geschichtlichen Verantwortung.

Die nationalsozialistische Gewaltherrschaft und der von ihr ausgegangene Krieg haben den Menschen in fast ganz Europa und bei uns zu Hause unermesslich schweres Unrecht und Leid zugefügt. Wir bleiben der Opfer immer eingedenk. Und wir sind dankbar für die wachsenden Zeichen der Aussöhnung zwischen den Menschen und Völkern.

Die Hoffnung auf Freiheit und auf Überwindung der Teilung in Europa, in Deutschland und zumal in Berlin war in der Nachkriegszeit nie untergegangen. Und doch hat kein Mensch die Vorstellungskraft besessen, den Gang der Ereignisse vorauszusehen. So erleben wir den heutigen Tag als Beschenkte. Die Geschichte hat es dieses Mal gut mit uns Deutschen gemeint. Umso mehr haben wir Grund zur gewissenhaften Selbstbesinnung.

Nach dem Ende des Zweiten Weltkrieges wurde die Teilung Deutschlands der zentrale Ausdruck der Teilung Europas. Sie entsprach nicht dem einvernehmlichen Willen der Sieger, vielmehr war sie die Folge ihres Streites. Der verschärfte Ost-West-Gegensatz verfestigte sie. Doch werden wir uns damit nicht herausreden. Niemand bei uns wird vergessen, dass es ohne den von Deutschland unter Hitler begonnenen Krieg nie zur Teilung gekommen wäre.

Im Zeichen des Kalten Krieges und unter dem Schutz des atomaren Patt entfaltete sich nun über vierzig Jahre hinweg der Wettbewerb der gesellschaftlichen Systeme zwischen Ost und West. Diese Phase geht jetzt ihrem Ende entgegen.

Die sowjetische Führung unter Präsident Gorbatschow hat erkannt, dass Reformen in Richtung auf Demokratie und Marktwirtschaft unausweichlich geworden sind. Diese Reformen wären aber ohne Freiheit zur Erfolglosigkeit verdammt. Daraus wurden mutige Konsequenzen gezogen, auf eine Bevormundung der Verbündeten verzichtet und ihre politische Selbstbestimmung geachtet. So kam es zu den historisch beispiellosen friedlichen Revolutionen in Mittel-, Ost- und Südosteuropa. So wurde die freie Entscheidung der Deutschen für die staatliche Einheit akzeptiert.

Noch ist ein Erfolg des Reformkurses, wie ihn die sowjetische Führung ansteuert, vielfach bedroht. Aber sie hat sich schon jetzt ein historisches Verdienst erworben. Und viele Menschen, darunter wir Deutschen, haben dafür Grund zur Dankbarkeit.

Unser Dank gilt den Bürgerbewegungen und Völkern in Ungarn, in Polen und in der Tschechoslowakei. Die Menschen in Warschau, Budapest und Prag haben Beispiele gegeben. Sie haben den Weg zur inneren Freiheit in der DDR als Bestandteil eines gemeinsamen geschichtlichen Prozesses aufgefasst und ermutigt. Unvergessen ist auch ihre Hilfe für die Flüchtlinge und damit ihr ganz direkter Beitrag zur Überwindung von Mauer und Stacheldraht. Das vereinte Deutschland wird mit ihnen in Zukunft eine offene und enge Nachbarschaft suchen.

Für Freiheit und Menschenrecht einzutreten, ist das zentrale Bekenntnis unserer westlichen Verbündeten und Freunde, vor allem der Amerikaner, der Franzosen und der Briten. Ihr Schutz, ihre Tatkraft und Zusammenarbeit haben uns entscheidend geholfen. Sie haben, was das Wichtigste ist, Vertrauen in uns gesetzt. Dafür danken wir ihnen heute von Herzen.

Wie bedeutungsvoll das Verständnis der Partner für die Vereinigung der Deutschen war, hat sich in der eindeutigen und konstruktiven Haltung der Europäischen Gemeinschaft gezeigt. Es ist mir eine Freude, unter uns den Präsidenten der Europäischen Kommission, Jacques Delors, und seine Kollegen zu begrüßen und ihnen unsere Achtung und Dankbarkeit für ihre Weitsicht zu bekunden.

Zu danken haben wir heute vor allem jenen Deutschen, die in der DDR den Mut aufbrachten, sich gegen Unterdrückung und Willkür zu erheben. Seit über zehn Jahren hatten Zusammenkünfte und Friedensgebete in den Kirchen die Gedanken der friedlichen Revolution vorbereitet, vertieft und verbreitet. Die Macht der Staatssicherheit blieb aber allgegenwärtig. Der Einsatz der Waffen drohte unmittelbar bis tief in den Herbst '89 hinein. Nachgeben und Zurückweichen wären nur allzu verständlich gewesen. Doch die Hoffnungen in den Herzen der Menschen ließen sich nicht mehr unterdrücken.

«Wir sind das Volk», mit diesen vier einfachen und großen Worten wurde ein ganzes System erschüttert und zu Fall gebracht. In diesen Worten verkörperte sich der Wille der Menschen, das Gemeinwesen, die res publica, selbst in die Hand zu nehmen. So wurde die friedliche Revolution in Deutschland wahrhaft republikanisch. Dass sie nach beinahe sechzig Jahren bitterer Unterdrückung erfolgte, macht sie nur umso erstaunlicher und glaubwürdiger. Demokraten hatten sich zusammengefunden, mit dem Ziel der Freiheit und der Solidarität, beides in einem ein Auftrag für uns alle.

Zu danken ist heute aber auch den Bürgerinnen und Bürgern im Westen. Ohne das Vertrauen der Völker in uns Deutsche hätten wir uns nicht vereinigen können. Dieses Vertrauen ist mit dem Leben der Bundesrepublik in vierzig Jahren gewachsen. Unsere Bevölkerung hat sich in der freiheitlichen Demokratie und im europäischen Bewusstsein verwurzelt.

Rede vom 3. Oktober 1990

Die Deutschen sind berechenbare, zuverlässige und geachtete Partner geworden. Das hat die innere Zustimmung unserer Nachbarn und der ganzen Welt zu unserer Einheit ganz entscheidend gefördert.

Nun sind aus den vier Worten viele Tausende geworden. In einer schier unglaublichen Leistung sind Vereinbarungen und Verträge zustande gebracht worden, die uns heute die Einheit nach innen und außen besiegeln lassen. Die Materie war oft schwer durchschaubar. An Konflikten fehlte es nicht. Der Zeitdruck wurde immer wieder enorm. Tag und Nacht wurde gearbeitet. Das können wir ja, wenn es darauf ankommt.

In Zukunft wird noch mehr als eine Unklarheit aufzuhellen, mehr als ein Streit zu schlichten sein. Alles in allem aber kann man über das vollbrachte Werk nur staunen.

Und ich möchte der verantwortlichen politischen Führung in beiden bisherigen deutschen Staaten, den gesetzgebenden Körperschaften und nicht zuletzt den vielen ganz vortrefflichen Mitarbeitern in den Ämtern für ihre Arbeit danken. Ihre Hingabe an die Sache war beispielhaft. Die geleistete Arbeit trägt ihren Lohn in sich selbst.

Die Form der Einheit ist gefunden. Nun gilt es, sie mit Inhalt und Leben zu erfüllen. Parlamente, Regierungen und Parteien müssen dabei helfen. Zu vollziehen aber ist die Einheit nur durch das souveräne Volk, durch die Köpfe und Herzen der Menschen selbst. Jedermann spürt, wie viel da noch zu tun ist. Es wäre weder aufrichtig noch hilfreich, wollten wir in dieser Stunde verschweigen, wie viel uns noch voneinander trennt.

Die äußeren Zwangsmittel der Teilung hatten ihr Ziel, uns zu entfremden, nicht erreicht. Widermenschlich, wie Mauer

und Stacheldraht waren, hatten sie den Willen zusammenzu-
kommen, nur umso tiefer erfahren lassen. Wir empfanden es
vor allem in Berlin, dieser Stadt von zentraler Bedeutung in
Vergangenheit und Zukunft. Die Mauer täglich sehen und spüren, ließ uns nie aufhören, an die andere Seite zu glauben, auf
sie zu hoffen. Jetzt ist die Mauer weg, und das ist das Entscheidende.

Doch nun, da wir die Freiheit haben, gilt es, in ihr zu bestehen. Deutlicher als früher erkennen wir heute die Folgen der
unterschiedlichen Entwicklungen. Die Kluft im Materiellen
springt als erstes ins Auge. Auch wenn die Menschen in der
DDR mit der Mangelwirtschaft alltäglich in ihrem Leben konfrontiert waren, das Beste daraus gemacht und hart gearbeitet
haben – das wollen wir nicht vergessen –, trat das Ausmaß
der Probleme und damit der Distanz zum Westen doch erst in
den letzten Monaten ganz klar hervor.

Wenn es gelingen soll, das Gefälle bald zu überwinden,
dann bedarf es dafür nicht nur der Hilfe, sondern vor allem
auch der Achtung untereinander.

Für die Deutschen in der ehemaligen DDR ist die Vereinigung ein täglicher, sie ganz unmittelbar und persönlich berührender, ein existentieller Prozess der Umstellung. Das
bringt oft übermenschliche Anforderungen mit sich. Eine
Frau schrieb mir, sie seien tief dankbar für die Freiheit und
hätten doch nicht gewusst, wie sehr die Veränderung an die
Nerven gehe, wenn sie geradezu einen Abschied von sich
selbst verlange. Sie wollten ja nichts sehnlicher, als ihr Regime loszuwerden. Aber damit zugleich fast alle Elemente des
eigenen Lebens von heute auf morgen durch etwas Neues,
Unbekanntes ersetzen zu sollen, übersteigt das menschliche
Maß.

Bei den Menschen im Westen war die Freude über den Fall der Mauer unendlich groß. Dass aber die Vereinigung etwas mit ihrem eigenen persönlichen Leben zu tun haben soll, ist vielen nicht klar oder sogar höchst unwillkommen.

So darf es nicht bleiben. Wir müssen uns zunächst einmal gegenseitig besser verstehen lernen. Erst wenn wir wirklich erkennen, dass beide Seiten kostbare Erfahrungen und wichtige Eigenschaften erworben haben, die es wert sind, in der Einheit erhalten zu bleiben, sind wir auf gutem Wege.

Zunächst zum Westen. Hier ist eine Entwicklung besonders hervorzuheben. Die Menschen haben im Laufe der Jahre Zuneigung zu ihrem Gemeinwesen entwickelt, frei von gekünstelten Gefühlen und nationalistischem Pathos. Gewiss, in der vierzigjährigen Geschichte der Bundesrepublik gab es manche tiefgehenden Konflikte zwischen Generationen, sozialen Gruppen und politischen Richtungen. Sie wurden oft mit Schärfe ausgetragen, aber ohne den Hang zum Destruktiven, der die Weimarer Republik allzu sehr belastete. Auch die Jugendrevolte am Ende der sechziger Jahre trug allen Verwundungen zum Trotz zu einer Vertiefung des demokratischen Engagements in der Gesellschaft bei.

Mit der Erfahrung, Konflikte regeln zu können, wuchs ein gemeinsamer Bestand an Vertrauen zur Verfassung heran. Innere Unsicherheiten sind gewichen. Das ständige Vergleichen mit anderen Völkern hat nachgelassen. Es muss bei den anderen nicht alles schlecht sein, damit es bei uns gut ist. Und umgekehrt finden sich positive Verhältnisse nicht nur jenseits der Grenzen. Die Gelassenheit im Urteil und im Lebensgefühl hat zugenommen.

Einige im Westen entdecken erst jetzt so richtig die Vorzüge ihres eigenen Staates. Mancher, der in der Vergangenheit zu den schärfsten Kritikern der inneren Verhältnisse der Bundesrepublik zählte, spricht nun gar sorgenvoll davon, dass im vereinten Deutschland die Liberalität, der Föderalismus und die Bindung an Europa leiden könnten. Ich teile solche Sorgen nicht.

Was ich aber sagen will, ist dies: Es ist doch erfreulich, wenn zumal junge Menschen sich mit ihrem Gemeinwesen im Westen identifizieren und in diesem Zusammenhang empfinden, dass die Bonner Republik sich einen guten Ruf erworben hat. Sie sind menschlich in eine internationale und liberale Zivilisationsgemeinschaft hineingewachsen. Sie möchten die gewonnene Weltoffenheit nicht verlieren. Warum sollten sie auch?

Nun zur DDR. Von ihr aus gesehen begegnen sich in der Stunde der Vereinigung Notstände auf der einen und Wohlstand auf der anderen Seite. Es wäre aber ebenso unsinnig wie unmenschlich, würden wir uns einbilden, dass wir zwischen Ost und West als misslungene und gelungene Existenzen aufeinandertreffen oder gar als Böse und Gute.

Es sind die Systeme, die sich in ihrem Erfolg unterscheiden, nicht die Menschen. Und das wird sich noch sehr deutlich zeigen, wenn die Deutschen in der bisherigen DDR endlich die gleichen Chancen bekommen, die es im Westen seit Jahrzehnten gibt.

Jedes Leben hat seinen Sinn und seine eigene Würde. Kein Lebensabschnitt ist umsonst, zumal nicht einer in der Not. Die Deutschen in der DDR haben unter schwierigsten Bedingungen menschlich Wesentliches bewirkt, von dem wir nur hoffen können, dass es zur Substanz des vereinten Deutschlands gehören wird.

Würden wir dies übersehen, so würden wir dem abgetretenen System ein letztes Mal gründlich auf den Leim gehen.

Sein Vorsatz war es, durch absolute Regeln in Staat und Gesellschaft die Gedanken und Ziele der Menschen zu bestimmen, ja einen neuen, den sozialistischen Einheitsmenschen heranzubilden. Wäre es gelungen, so müsste dieser Mensch in der Tat nunmehr zusammen mit seinem System abtreten. Der Kommunismus ist aber an der Vergeblichkeit dieses Versuches gescheitert. Durchgesetzt hat sich gegen die Anmaßung des Systems die geistige Freiheit des Menschen: die Person gegen das Kollektiv.

Die Ansätze für die Befreiung haben sich unter der Diktatur herausgebildet. Es ist gerade die politische Unfreiheit, die den Blick dafür schärft, wo die Grenzen legitimer Politik liegen und dass es eine Freiheit des Menschen außerhalb der öffentlichen Angelegenheiten gibt. Unfreiheit lehrt Freiheit. Leben in der DDR machte darin erfahren.

Zwar versorgte der Staat seine Bürger im Sinne seines Systems. Aber den Menschen in seiner Not und Würde erkannte er nicht. So konnte man oft nur überleben, wenn man sich gegenseitig im Stillen half. Not begründete Gemeinschaft. Solidarität blieb kein abstraktes Wort von Grundsatzprogrammen, sondern wurde ganz persönliche Wirklichkeit. Es gehörten Mut und Entsagung dazu, in kirchlichen Gemeinden und diakonischen Einrichtungen mitzuarbeiten. Aber es hat Segen gebracht. Es hat innere Kraft gegeben. Und dort wurden die vom Staat vernachlässigten schwerbehinderten Mitmenschen betreut. So wurde Ehrfurcht vor dem Leben praktiziert.

Das Regime hatte zwar besonders hartnäckig versucht, sich die Kunst und Kultur dienstbar zu machen. Heute wird nun heftig über Verhalten von Künstlern und Qualität ihrer Werke gestritten. Verdrängt wird dabei nichts, und das ist gut.

Doch ist ein nachträglicher ethischer Rigorismus nur überzeugend und hilfreich, wenn einer ihn zur Selbstprüfung benutzt. Kunst hat in der DDR vielfach nicht als politische Demonstration gewirkt, wohl aber als eine Kraft, das Leben zu verändern und zu vertiefen. Haben wir es nicht auch gestern Abend und heute wieder bei der Musik verspürt?

Das Regime hat geistige Dürre erzeugt. Kunst hat oft der Seele Nahrung gegeben. Sie hat zu ihrem Teil mitgeholfen, worum es vor allem in den kirchlichen Gemeinden ging, nämlich den Raum der inneren Freiheit zu erweitern. Aus ihm erwuchs allmählich die Befreiung von der erzwungenen Lüge, diesem schlimmsten Gift der vergangenen Jahrzehnte, das das Vertrauen im Staat, in der Gesellschaft, zwischen Nachbarn und am Ende zu sich selbst untergraben hatte.

So wurde die Freiheit zur Wahrheit das kostbarste Gut, das die Menschen durch ihren Aufstand mit eigener Courage errungen haben.

Uns im Westen blieben solche Bewährungsproben erspart. Wir können nur unsere Achtung bezeugen, und wir wollen sie im Prozess der Vereinigung beweisen.

Seit dem Herbst '89 wurde die menschliche Substanz der DDR unter unglaublich schwierigen äußeren Bedingungen auf neue Weise sichtbar, in den Bürgerbewegungen, am Runden Tisch und bei der kommunalen Neugeburt.

In der Volkskammer übernahmen Menschen vorbereitungslos Verantwortungen, die größer nicht sein konnten. Man hat sie gelegentlich als Laienspieler bezeichnet. Soll das etwa ein Tadel sein? Sie haben über Fraktionsgrenzen hinweg mit Hingabe an den schwierigsten Problemlösungen gearbeitet, ohne ein Ritual von Konfrontationen zwischen Parteien zu pflegen.

Sie haben immer wieder notwendige Kompromisse gesucht und gefunden. Mehr als einmal haben sie gezeigt, wie wertvoll es ist, «vom anderen nicht ständig das Schlimmste zu erwarten oder gar zu erhoffen, damit das eigene Weltbild stimmt» (R. Schröder). Wenn Laien den Berufspolitikern so das Wasser reichen, ist es kein schlechtes Omen für die Demokratie.

Nun sind wir mitten in der Arbeit. Ein besonders schweres und bedrückendes Kapitel ist die Erblast des Misstrauens, die uns der Staatssicherheitsdienst hinterlassen hat. Die Kraft des Systems ist gebrochen. Aber noch lebt das Trauma.

Die Verarbeitung kann nicht von außen erfolgen. In dieser Frage gibt es keine externe salomonische Autorität. Wer den Vergiftungen ausgesetzt war, kann am ehesten zur Entgiftung beitragen.

Nicht die politische Idee des Staates als solche war das Böse, sondern ihre Gleichsetzung mit der absoluten Wahrheit. Man glaubte sich in ihrem Besitze und maßte sich an, sie jedermann aufzuzwingen. Und der Staatssicherheitsdienst wurde dafür das Instrument. Mit ihm verkehrte sich der moralische Anspruch der Führung in tiefste Unmoral. Mit ebenso banalen wie rücksichtslosen Mitteln wurden Bürger ausgespäht, bespitzelt, erpresst und korrumpiert, Denunziantentum geschürt. Am hinterhältigsten war die Methode, Opfer zu Mittätern zu machen.

Menschlich unzumutbar und rechtsstaatlich unerträglich wäre es, über die Stasi-Herrschaft einen Mantel des Vergessens zu breiten. Recht und Gesetz nehmen ihren Lauf. Bei der Behandlung der Akten darf der erforderliche Datenschutz nicht zum Täterschutz werden. Dabei wird aber niemand die Zweifelhaftigkeit der Aufklärungsmittel verkennen.

In einem System, das ohne Lüge nicht auskommt, können auch Akten lügen. Es gibt politisch-ethische Verantwortlichkeit, die nicht geahndet werden kann. Schuld reicht weiter als Strafbarkeit. Im Übrigen war manches, was nachträglich als Schuld erscheint, in Wirklichkeit etwas ganz anderes. Es war oft die Folge gewissenhafter Selbstprüfung unter schwerem äußeren Druck.

Seelische Wunden werden nur langsam heilen. Der Abbau des Misstrauens braucht seine Zeit. Aber er ist lebensnotwendig. Durch den Versuch einer totalen Verfolgung würde er misslingen; dadurch kämen wir nur selbst in die Nähe gefährlicher Moralisten. Ziel ist eine Gerechtigkeit, der es nicht um Vergeltung geht, sondern um Aussöhnung und inneren Frieden.

Vordringlich sind jetzt die Sorgen um die wirtschaftliche und soziale Existenz. Das alte System ist nicht zuletzt an seiner ökonomischen Krise gescheitert. Umso wichtiger ist es, dass die Menschen in der ehemaligen DDR ihre errungene Freiheit nicht als neuen Notstand erleben.

Sie haben sich für die im Westen bewährte soziale Marktwirtschaft entschieden. Die Währungsunion ebnete den Weg zur Freizügigkeit der Menschen und zur wirtschaftlichen Initiative. Rechtliche Voraussetzungen für Wettbewerb und soziale Sicherheit wurden vorangetrieben.

Doch ein Ordnungssystem allein erzeugt nicht wirtschaftliche Leistung. Sie ist das Werk der Menschen. Soziale Marktwirtschaft vollzieht sich nicht in Gesetzbüchern, sondern im Denken und Handeln der Menschen. Dazu gehört die Erfahrung, dass es Freiheit ohne Zumutungen nun einmal nicht gibt, dass der Aufschwung nicht über Nacht kommt. Die Betroffenen wissen es am allerbesten. Der Einschnitt ist für viele tief und hart: umlernen, umstellen, umziehen, suchen, neu anfangen. Aber die Erfahrung lehrt, dass sich die eigene Initiative immer lohnt.

Nicht weniger entscheidend ist unsere Zusammenarbeit im vereinten Land. Wir müssen jetzt solidarisch handeln – in allerureigenstem Interesse. Für den wirtschaftlichen Aufbau in den neuen Bundesländern tragen wir nunmehr zusammen die Verantwortung. Wir sind gemeinsam am Erfolg interessiert. Denn was nicht gelingt, wird auf Dauer die Deutschen im Westen ebenso belasten wie die Deutschen im Osten. Unser Verfassungsauftrag lautet, allen Deutschen vergleichbare Lebensverhältnisse und Entfaltungschancen zu gewährleisten. Hierzu zählt auch eine offene und faire Einstellung gegenüber unseren ausländischen Mitbürgern.

Oft hört man heute, niemandem solle etwas genommen werden, es komme nur auf die Verteilung der Zuwächse an. Das ist schön gesagt in der Marketingsprache zeitgemäßer politischer Kommunikation. Bei nüchterner Betrachtung würde jedoch auch dies nichts anderes bedeuten als die Vertagung des Teilens auf die Zukunft. Das kann dann für viele menschliche Schicksale zu spät sein.

Nach einem chinesischen Sprichwort verwandeln sich Berge in Gold, wenn Brüder zusammenarbeiten. Es muss ja nicht Gold sein, und vor allem geht es auch nicht ohne Schwestern. Aber kein Weg führt an der Erkenntnis vorbei: Sich zu vereinen, heißt teilen lernen. Mit hochrentierlichen Anleihen allein wird sich die deutsche Einheit nicht finanzieren lassen. Öffentlich und privat gilt es umzudisponieren, um mitzuhelfen, einzusparen, um zu geben. Viele gute Beispiele zeigen, dass es geht, so bei Krankenhäusern, Schulen und Universitäten, bei Betrieben und Verbänden, bei Vereinen und Familien. Auch Städtepartnerschaften können sich zu sehr soliden Ecksteinen unserer Lebensgemeinschaft entwickeln.

Keine noch so kluge Theorie, keine noch so ausgefeilte Kalkulation ersetzt die grundlegende Erfahrung der Menschen aller Kulturen und Religionen, dass der Mensch sich dem anderen erst dann wirklich zuwendet, wenn er mit ihm teilt. Wirklich vereint werden wir erst sein, wenn wir zu dieser Zuwendung bereit sind. Wir können es. Und viele, ich glaube die meisten, wollen es auch.

Der Nationalstaat ist nicht am Ende. Wer aber glaubt, die Zukunft allein mit ihm meistern zu können, der lebt in einer vergangenen Zeit. Die wichtigsten Aufgaben kann heute keine Nation mehr allein lösen. Die modernen Systeme denken und funktionieren nicht national. Dies gilt für die Sicherheit und die Ökologie, für die Wirtschaft und die Energie, für den Verkehr und die Telekommunikation. Souveränität in unserer Zeit bedeutet Mitwirkung in der Gemeinschaft der Staaten.

Die Europäische Gemeinschaft hat dazu ein überzeugendes Modell geschaffen. Sie hat nationalstaatliche Befugnisse, und zwar gerade solche, die für eine friedliche Nachbarschaft von entscheidender Bedeutung sind, übernational zusammengefasst. Im Systemwettbewerb zwischen West und Ost sind von ihr die maßgeblichen Impulse für Reformen im Osten ausgegangen.

Der Kalte Krieg ist überwunden. Freiheit und Demokratie haben sich bald in allen Staaten durchgesetzt. Nicht durch Zwang von Vormächten, sondern aus freien Stücken können sie nun ihre Beziehungen so verdichten und institutionell absichern, dass daraus erstmals eine gemeinsame Lebens- und Friedensordnung werden kann. Für die Völker Europas beginnt damit ein grundlegend neues Kapitel in ihrer Geschichte. Sein Ziel ist eine gesamteuropäische Einigung. Es ist ein gewaltiges Ziel. Wir können es erreichen, aber wir können es auch verfehlen. Wir haben keine Zeit zu verlieren. Wir stehen vor der klaren Alternative, Europa zu einigen oder gemäß leidvollen historischen Beispielen wieder in nationalistische Gegensätze zurückzufallen.

Vorrangig sind jetzt greifbare Perspektiven für die wirtschaftliche und soziale Entwicklung der Länder Mittel-, Ost- und Südosteuropas. Die neu erworbene Freiheit muss sich verwurzeln können. Deshalb darf sie nicht in Not verkommen. Die Europäische Gemeinschaft kann dabei entscheidend helfen. Vor allem von ihr wird es abhängen, wie es in ganz Europa weitergeht.

Uns Deutschen kommt dabei eine Schlüsselrolle zu. Wir erheben unsere Stimme für eine konstruktive und gemeinsame Ostpolitik des ganzen Westens. Wenn jetzt alle Deutschen wieder unmittelbare Nachbarn der Polen geworden sind, dieses für uns so wichtigen Volkes, dann ist es unsere Aufgabe, darauf zu dringen, dass es zwischen der Gemeinschaft und Polen nicht in fernerer Zukunft, sondern in allernächster Zeit zu einer Assoziierung kommt. Ähnliches gilt für die Tschechoslowakei und Ungarn.

Die Sowjetunion, um ein weiteres Beispiel von zentraler Bedeutung zu nennen, bedarf auf ihrem unvergleichlich schwierigen Weg einer engen europäischen Zusammenarbeit. Die Sowjetunion will die alte Distanz zu Europa überwinden. Sie hat erkannt, dass die Einigung Deutschlands dafür kein Hindernis ist, sondern geradezu eine Voraussetzung. Das ist die wichtigste Botschaft der wahrhaft bedeutenden Zwei-plus-Vier-Konferenz. Und wir alle wissen, dass die zukünftige Stabilität in Europa von einem maßgeblichen Beitrag Moskaus abhängt. Die Westgrenze der Sowjetunion darf nicht zur Ostgrenze Europas werden.

Wenn wir Deutschen solche Signale in Richtung auf das ganze Europa setzen, dann geschieht dies in der festen Verbindung mit dem Westen. Sie hat unser Leben in der Bundesrepublik geprägt, unsere Energien mobilisiert und frische Kräfte hervorgebracht. Wir werden unsere atlantische und europäische Partnerschaft um keinen Preis aufs Spiel setzen. So lautet unser ureigenstes Interesse, das unsere Landsleute in den neuen Bundesländern teilen. Sie wissen, welche Bedeutung die Freundschaft vor allem mit Frankreich auch in Zukunft haben wird und freuen sich nun ihrerseits auf diese direkte Nachbarschaft.

Wir werden nur weiterkommen, wenn wir mit unseren westlichen Partnern gemeinsam vorgehen, vor allem in der Gemeinschaft und durch sie. Alles, was die Mitgliedsländer für ganz Europa durch die Gemeinschaft tun, stärkt sowohl die Gemeinschaft als auch ihre Glieder.

Wir Deutschen werden unseren Interessen am besten dienen und Sorgen unserer Partner am ehesten zerstreuen, wenn wir uns in der Stärkung der Gemeinschaft von niemandem übertreffen lassen und wenn wir ohne jede Verzögerung auf dem Weg zur Wirtschafts- und Währungsunion und zur Politischen Union weitergehen, so wie wir es zugesagt haben.

Voll im Westen integriert und dem ganzen Europa zugewandt, so lautet die Aufgabe des vereinten Deutschlands. Wir werden ihr gerecht, wenn es später einmal heißt: Das entscheidende Kapitel zur Einigung des ganzen Europa nahm seinen Anfang mit der Überwindung der Teilung Deutschlands.

Je zügiger wir in Europa unsere eigenen Konflikte lösen, umso besser können wir auch unsere globalen Verpflichtungen erfüllen. Im Zeichen des Kalten Krieges haben Europäer immer wieder Spannungen und Waffen in die südliche Hemisphäre exportiert. Nun gilt es, den KSZE-Prozess zu fördern, die Rüstungen zu vermindern und die Hilfe für den Süden mit Nachdruck zu steigern.

Schwerter zu Pflugscharen, dieses große Bibelwort aus der Zeit der friedlichen Revolution heißt heute nicht, auf vernünftige, hinlängliche Verteidigungsfähigkeit zu verzichten; es heißt, den Hunger in der Welt zu stillen und ihrer Not zu wehren. Die vielen jungen Stimmen aus allen Teilen des vereinten Deutschlands sind dafür eine Ermutigung.

Unsere Mitverantwortung unter den Völkern gilt besonders der Umwelt. Nicht alles, was Menschen technisch und ökonomisch fertigbringen, dürfen sie der Natur zumuten. Es geht um mehr als nur um die Bewohnbarkeit der Erde für den Menschen. Menschen können zerstören, was sie nicht geschaffen haben und worüber sie nicht verfügen dürfen: die Schöpfung. Diese Freiheit haben sie sich genommen. In der Verantwortung der Freiheit wird sich zeigen, ob sie ethisch und damit am Ende auch biologisch überlebensfähig sind.

Die Aufgabe ist im wahrsten Sinn global. Sie stellt sich weltweit für jeden Staat, für Länder, für Gemeinden und für den Einzelnen. Sie ist allgemein und daher auch die politischste Frage, der wir uns gegenüber sehen. Beim neuen Anfang unserer Nation muss sie eine klare normative Antwort finden.

Das Grundgesetz gilt nun für alle Deutschen. Im Einigungsvertrag haben wir vereinbart, dass wir uns mit den Bestimmungen über Staatsziele befassen wollen. Es geht um Verfassungsaufträge, die nicht unter dem Vorbehalt einschränkender Gesetze stehen sollen, sondern den Gesetzgeber wie uns alle verpflichten.

Gibt es zur Ergänzung unserer Ziele ein Dringlicheres als den Schutz der Natur in ihrer Rechtlosigkeit? Haben wir eine größere Aufgabe, als die Schöpfung zu bewahren und damit die Nachwelt zu schützen? Ich kenne keine.

Heute, liebe Landsleute, begründen wir unseren gemeinsamen Staat. Wie gut uns die Einheit menschlich gelingt, das entscheiden kein Vertrag der Regierungen, keine Verfassung und keine Beschlüsse des Gesetzgebers. Das richtet sich nach dem Verhalten eines jeden von uns, nach unserer eigenen Offenheit und Zuwendung untereinander. Es ist das «Plebiszit eines jeden Tages» (Renan), aus dem sich der Charakter unseres Gemeinwesens ergeben wird.

Ich bin gewiss, dass es uns gelingt, alte und neue Gräben zu überwinden. Wir können den gewachsenen Verfassungspatriotismus der einen mit der erlebten menschlichen Solidarität der anderen Seite zu einem kräftigen Ganzen zusammenfügen. Wir haben den gemeinsamen Willen, die großen Aufgaben zu erfüllen, die unsere Nachbarn von uns erwarten. Wir wissen, wieviel schwerer es andere Völker auf der Erde zur Zeit haben.

Die Geschichte gibt uns die Chance. Wir wollen sie wahrnehmen, mit Zuversicht und mit Vertrauen. Und die Freude, wir haben es gestern Abend gehört, die Freude, die wir empfinden, sie ist ein Götterfunken.»

Bildnachweis

Personenregister

Adenauer, Konrad 27–31, 35, 38, 47 f., 55
Ahmadinedschad, Mahmud 184
Alexander I. (russ. Zar) 156 f.

Bahr, Egon 46 f., 64
Baker, James 115
Barenboim, Daniel 148
Bartoszewski, Władysław 81 f.
Barzel, Rainer 54, 62 f.
Baselitz, Georg 149
Beaucamp, Eduard 149
Becker, Hellmut 49
Beckmann, Joachim 49
Beethoven, Ludwig van 118, 124
Bengsch, Alfred 78 f.
Bergmann-Pohl, Sabine 200
Bismarck, Klaus von 40, 49
Bismarck, Otto von 161–165
Bloch, Ernst 20
Brandt, Willy 45–47, 51, 60, 64–66
Breschnew, Leonid Iljitsch 87 f.
de Bruyn, Günter 147
Bulgakow, Michail 119
Burlakow, Matwej 119
Bush, George 115, 150

Bush, George W. 179
Byrnes, James Francis 23

Carter, James Earl 70
Chopin, Frédéric 58
Churchill, Sir Winston 15–17, 23, 135, 165
Chruschtschow, Nikita 42, 45
Clémenceau, Georges 17

Delors, Jacques 114, 126, 171, 203
Dieckmann, Friedrich 153
Dönhoff, Marion Gräfin 50 f.

Enzensberger, Hans Magnus 61
Eppler, Erhard 29, 73, 80
Erhard, Ludwig 33 f.
Erler, Fritz 54

Fichte, Johann Gottlieb 109, 157
Fontane, Theodor 157
Friedrich Wilhelm III. (preuß. König) 157
Friedrich Wilhelm IV. (preuß. König) 160
Führer, Christian 93
Fukuyama, Francis 193